使いやすい！教えやすい！家庭学習に最適の問題集！

岡山大学教育学部
附属小

JN126618

2022 年度版 過去問題集

<問題集の効果的な使い方>

①お子さまの学習を始める前に、まずは保護者の方が「入試問題」の傾向や難しさを確認・把握します。その際、すべての「学習のポイント」にも目を通しましょう。
②入試に必要なさまざまな分野学習を先に行い、基礎学力を養ってください。
③学力の定着が窺えたら「過去問題」にチャレンジ！
④お子さまの得意・苦手が分かったら、さらに分野学習をすすめレベルアップを図りましょう！

必ずおさえたい問題集

岡山大学教育学部附属小学校

お話の記憶	1話5分の読み聞かせお話集①②
推理	Ｊｒ・ウォッチャー６「系列」
口頭試問	新口頭試問・個別テスト問題集
言語	Ｊｒ・ウォッチャー18「いろいろな言葉」
常識	Ｊｒ・ウォッチャー27「理科」

2006～2021年度
過去問題を
掲載
＋
各問題に
アドバイス付!!

●資料提供●
地球ランド

ISBN978-4-7761-5394-8

C6037 ¥2500E

9784776153948

定価　2,750円
（本体2,500円＋税10％）

1926037025009

日本学習図書（ニチガク）

目指せ！合格！

家庭学習ガイド
岡山大学教育学部附属小学校

口頭試問　行動観察　運　動

入試情報

出題形態：ノンペーパー
面　　接：なし
出題領域：ノンペーパーテスト（数量・図形・推理・言語・記憶・常識）、運動テスト、行動観察

受験にあたって

2021年度の入学試験は、例年同様に、ノンペーパーテスト、運動テスト、行動観察が実施されました。

当校の入試は、口頭試問形式で図形、推理、言語、常識など各分野の問題が出題されています。難易度は高くありませんが、答える際の態度、解答までのプロセスも含めて観察されます。ふだんから、お子さまとの会話の時間を作り、コミュニケーションを取りながら、知的好奇心を育みながら知識を身に付けていきましょう。

口頭試問形式では、言葉遣いにも注意が必要です。ふだんの生活が影響しますので、年齢相応の言葉遣いができるよう、お子さまだけではなく、保護者も意識しておくことが必要です。

運動テスト、行動観察でも、基本的な課題が出題されています。難しいものではありませんが、課題の達成度だけでなく、指示の聞き取り、積極性、社会性、参加意欲、待機姿勢なども観点となります。集中し、積極的に取り組むよう指導してください。

ここ数年はほぼ同じ内容の出題が続いていますから、対策は過去問題集の学習を中心に据えてください。

岡山大学教育学部附属小学校

過去問題集

〈はじめに〉

現在、少子化が叫ばれているにもかかわらず、国立小学校には一定の応募者があります。このような状況では、ただやみくもに練習をするだけでは合格は見えてきません。志望校の過去における出題傾向を研究・把握した上で、練習を進めていくこと、その上で試験までに志願者の不得意分野を克服していくことが必須条件です。そこで、本問題集は小学校を受験される方々に、志望校の出題傾向をより詳しく知っていただくために、過去に遡り、出題頻度の高い問題を結集いたしました。最新のデータを含む精選された過去問題集で実力をお付けください。

〈本書ご使用方法〉

◆出題者は出題前に一度問題を通読し、出題内容などを把握した上で、〈 準 備 〉の欄に表記してあるものを用意してから始めてください。

◆お子さまに絵の頁を渡し、出題者が問題文を読む形式で出題してください。ただし、問題文を読んだ後で、絵の頁を渡す問題もありますので注意してください。

◆「分野」は、問題の分野を表しています。弊社の問題集の分野に対応していますので、復習の際の目安にお役立てください。

◆一部の描画や工作、常識等の問題については、解答が省略されているものがあります。お子さまの答えが成り立つか、出題者が各自でご判断ください。

◆〈 時 間 〉につきましては、目安とお考えください。

◆〈 学習のポイント 〉は、指導の際のご参考にしてください。

〈本書ご使用にあたっての注意点〉

◆文中に **この問題の絵は縦に使用してください。** と記載してある問題の絵は縦にしてお使いください。

◆〈 準 備 〉の欄で、クレヨンと表記してある場合は12色程度のものを、画用紙と表記してある場合は白い画用紙をご用意ください。

◆文中に **この問題の絵はありません。** と記載してある問題には絵の頁がありませんので、ご注意ください。なお、問題の絵の右上にある番号が連番でなくても、中央下の頁番号が連番の場合は落丁ではありません。
下記一覧表の●が付いている問題は絵がありません。

問題1	問題2	問題3	問題4	問題5	問題6	問題7	問題8	問題9	問題10
						●	●	●	
問題11	問題12	問題13	問題14	問題15	問題16	問題17	問題18	問題19	問題20
							●	●	●
問題21	問題22	問題23	問題24	問題25	問題26	問題27	問題28	問題29	問題30
	●					●		●	
問題31	問題32	問題33	問題34	問題35	問題36	問題37	問題38	問題39	問題40
	●			●					
問題41	問題42								
●	●								

〈岡山大学教育学部附属小学校〉

◎学習効果を上げるため、前掲の「家庭学習ガイド」及び「合格のためのアドバイス」をお読みになり、各校が実施する入試の出題傾向をよく把握した上で問題に取り組んでください。
※冒頭の「本書ご使用方法」「ご使用にあたっての注意点」も併せてご覧ください。

2021年度の最新問題

問題1　分野：図形（積み木）

〈準備〉　立方体の積み木（9個）

〈問題〉　お手本の絵をよく見て、同じように積み木を積んでください。

〈時間〉　1分

問題2　分野：数量（数を分ける）

〈準備〉　立方体の積み木（12個）、箱（2個、ピンクと青）
あらかじめ、問題2のイラストを真ん中の線で2つに切り分け、青い箱に男の子の絵を、ピンクの箱に女の子の絵を貼り付けておく。
また、ピンクの箱には積み木を8個、青い箱には積み木を4個入れておく。

〈問題〉　男の子の箱と女の子の箱があります。男の子の積み木が9個になるように、女の子から積み木を移してください。

〈時間〉　20秒

問題3　分野：推理（四方からの観察）

〈準備〉　なし

〈問題〉　**この問題の絵は縦に使用してください。**
（問題3の絵を見せる）
上の段を見てください。絵の中の男の子から、雪だるまはどのように見えますか。下の段から選んで指でさしてください。

〈時間〉　30秒

問題4　分野：推理（系列）

〈準備〉　あらかじめ、問題4－2の絵を線に沿って切り取っておく。

〈問題〉　（問題4－1の絵を見せ、準備した問題4－2のカードを渡す）
四角の中にはどのカードが入りますか。当てはまるものを置いてください。

〈時間〉　20秒

問題5　分野：言語（お話作り）

〈準備〉　なし

〈問題〉　（問題５の絵を見せる）
絵には何が描かれていますか。お話してください。

〈時間〉　適宜

問題6　分野：常識（生活）

〈準備〉　なし

〈問題〉　（問題６の絵を見せる）今から指さすものの名前を答えてください。
（絵を指さして答えさせる）

〈時間〉　適宜

問題7　分野：運動

〈準備〉　ビニールテープ、平均台、旗

〈問題〉　この問題の絵はありません。
（10人程度のチームで行う。それぞれの運動ごとに出題者がお手本を見せる）
①準備体操をしましょう。手を何回かグーパーした後、力を抜いて手をブルブルと振り、膝を曲げて屈伸してください。その後、その場で駆け足してください。
②（床にビニールテープを貼り、スタートとゴールにする）
ケンパーでスタートからゴールまで進みましょう。私が声をかけますので、「ケン」と言ったら片足で前に跳んで、「パー」と言ったら両足開きで前に跳んでください。
（出題者が指示を出し、ゴールに着くまで続ける）
③平均台を端から端まで歩いて渡ってください。
④（あらかじめ２人１組にグループを分けておく）２人１組でかけっこをします。赤い旗を上げたら、向こうの赤い線まで競走してください。
⑤足ジャンケンをしましょう。足を閉じたらグー、横に開いたらパー、前後に開いたらチョキです。私の言うとおりに足を開いてください。グー、チョキ、パー。チョキ、グー、パー。

〈時間〉　適宜

問題8　分野：行動観察

〈準備〉　あやとりのひも（毛糸で作る）

〈問題〉　**この問題の絵はありません。**
私（出題者）がするのと同じようにまねしてあやとりをしてください。
（長さ１ｍほどの毛糸であやとりの「山」を作る）

〈時間〉　適宜

問題9　分野：行動観察

〈準備〉　カード（トランプ、カルタなど、どんなカードでもよい）

〈問題〉　**この問題の絵はありません。**
（３～４人のグループで行う。各々にカードを４枚ずつ配ってから始める）
これからじゃんけんゲームをします。
①周りにいるお友だちと２人組を作ってください。
②お友だちと「こんにちは」とあいさつをしてください。
③ジャンケンをして、勝ったら負けた人からカードを１枚もらってください。
④カードが全部なくなった人は、先生のところへ行って新しいカードをもらってください。
⑤先生が「やめてください」と言うまで周りのお友だちとどんどんジャンケンを続けてください。終わったら、自分の持っているカードの数をかぞえてみましょう。

〈時間〉　適宜

問題10　分野：行動観察

〈準備〉　ゼッケン（赤、緑、青、黄）またはそれに代わるもの
ビニールテープ（12色程度）

〈問題〉　**この問題は絵を参考にしてください。**
（20人程度のグループで行う）
（あらかじめ、床にビニールテープで絵のように四角を作っておく）
ゼッケンの色を使って、みんなでフルーツバスケットをして遊びましょう。これから私（出題者）が色を言ったら、その色の人は次に言う色の四角の中で座ってください。例えば、「赤の人は青へ」と言ったら、赤いゼッケンを付けている人が青い四角の中へ入って座ってください。
（１つの色だけでなく、「赤と黄」「みんな」などの指示も行う）

〈時間〉　適宜

〈解答〉　省略

問題1

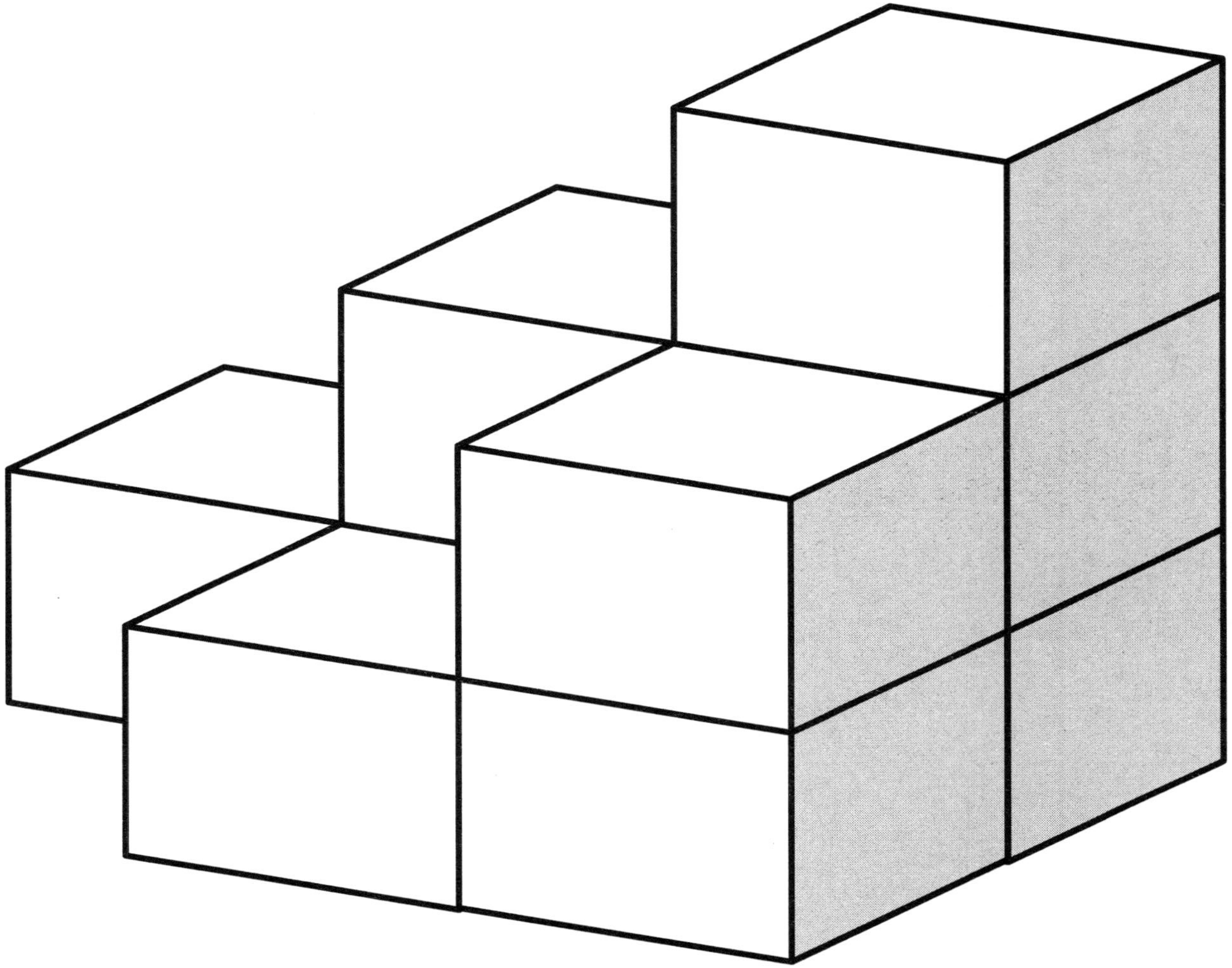

問題2

2022 年度　岡山大学附属小　過去　無断複製／転載を禁ずる　　　　　　　日本学習図書株式会社

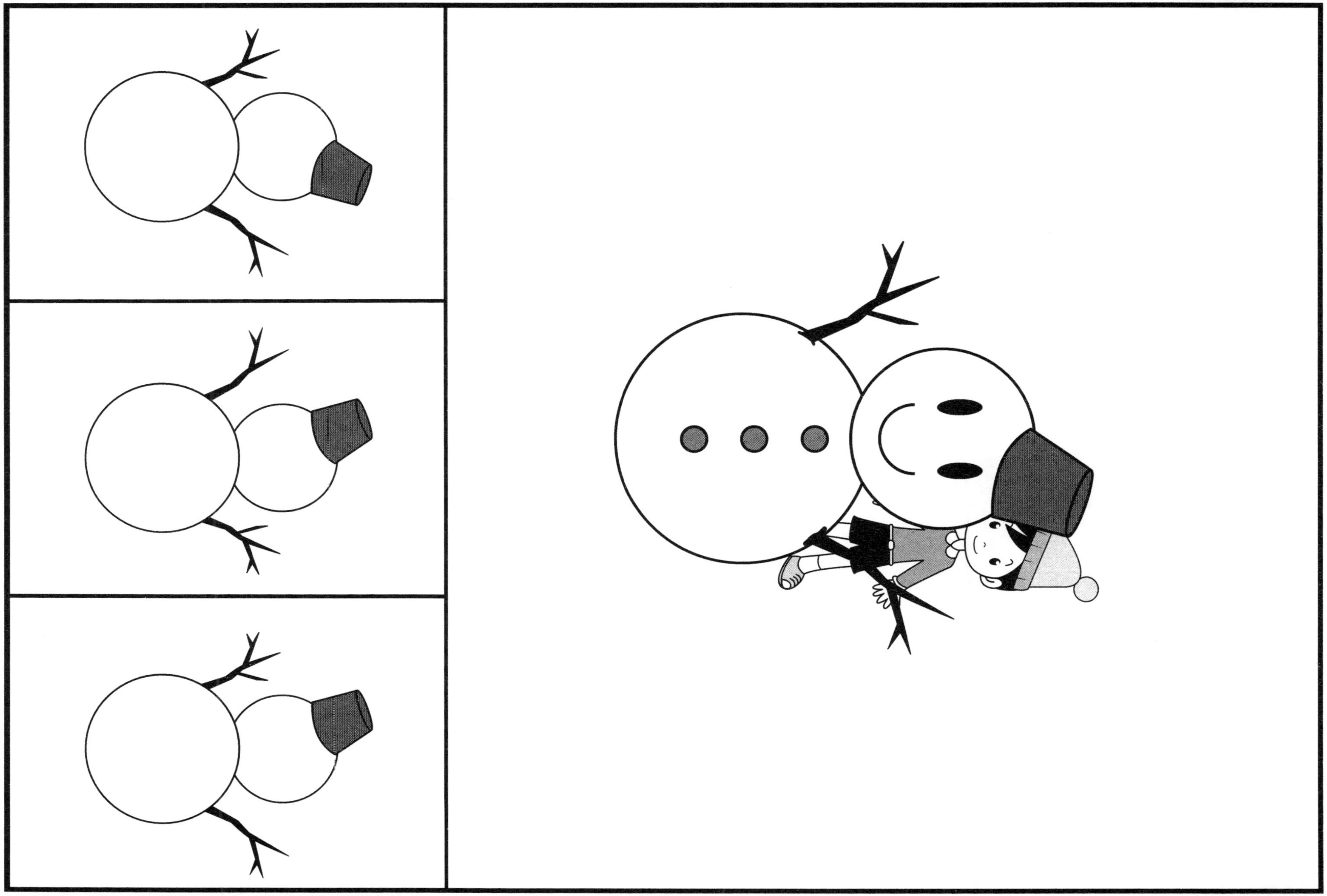

問題4－1

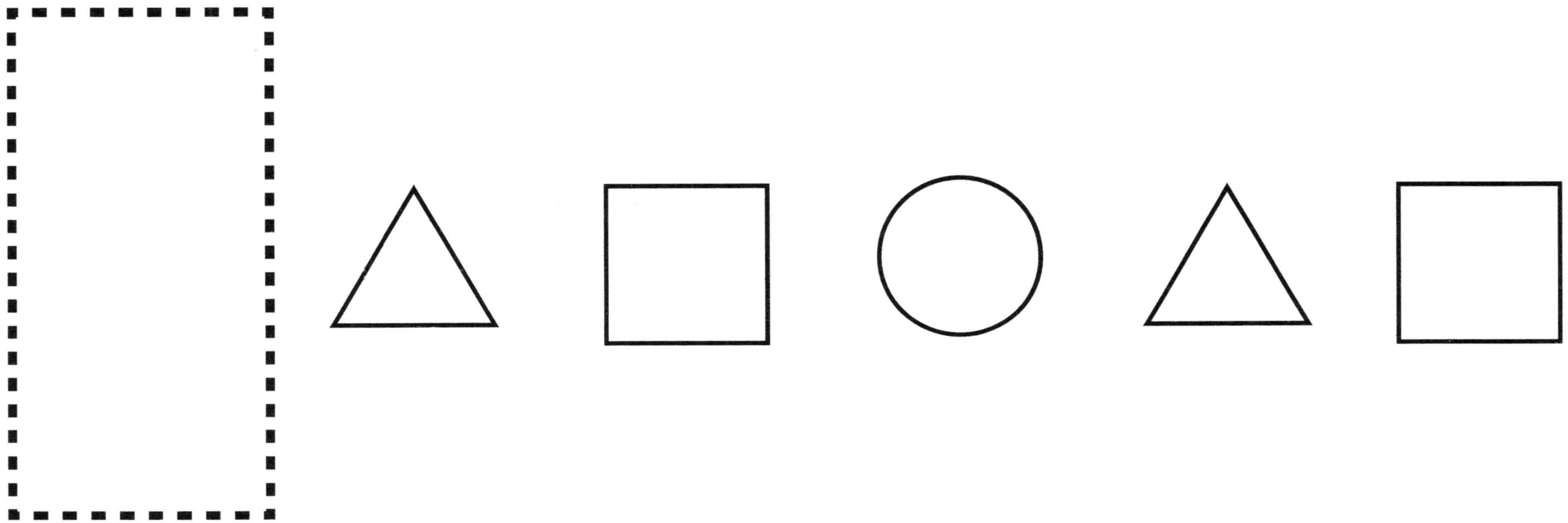

問題 4 - 2

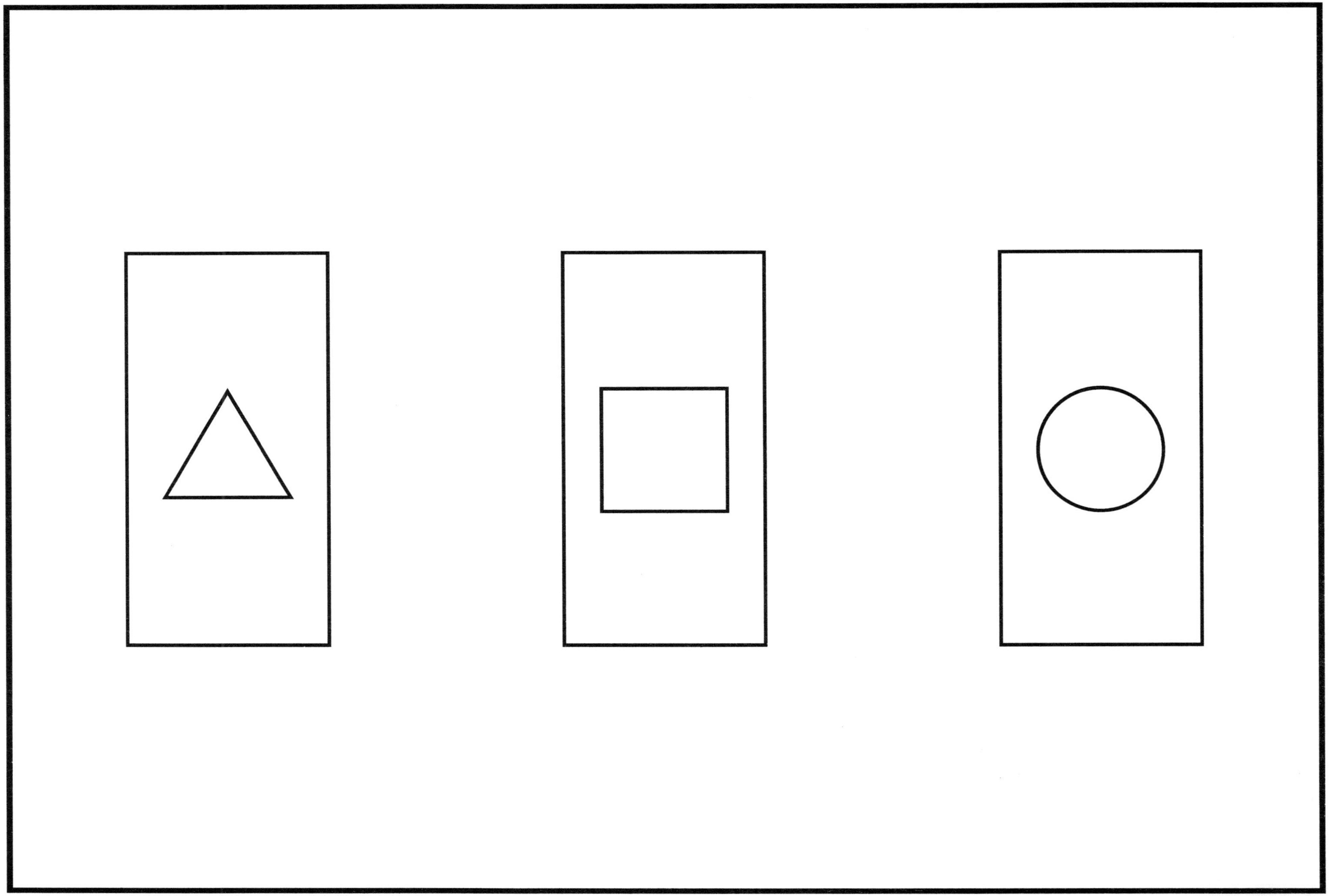

問題5

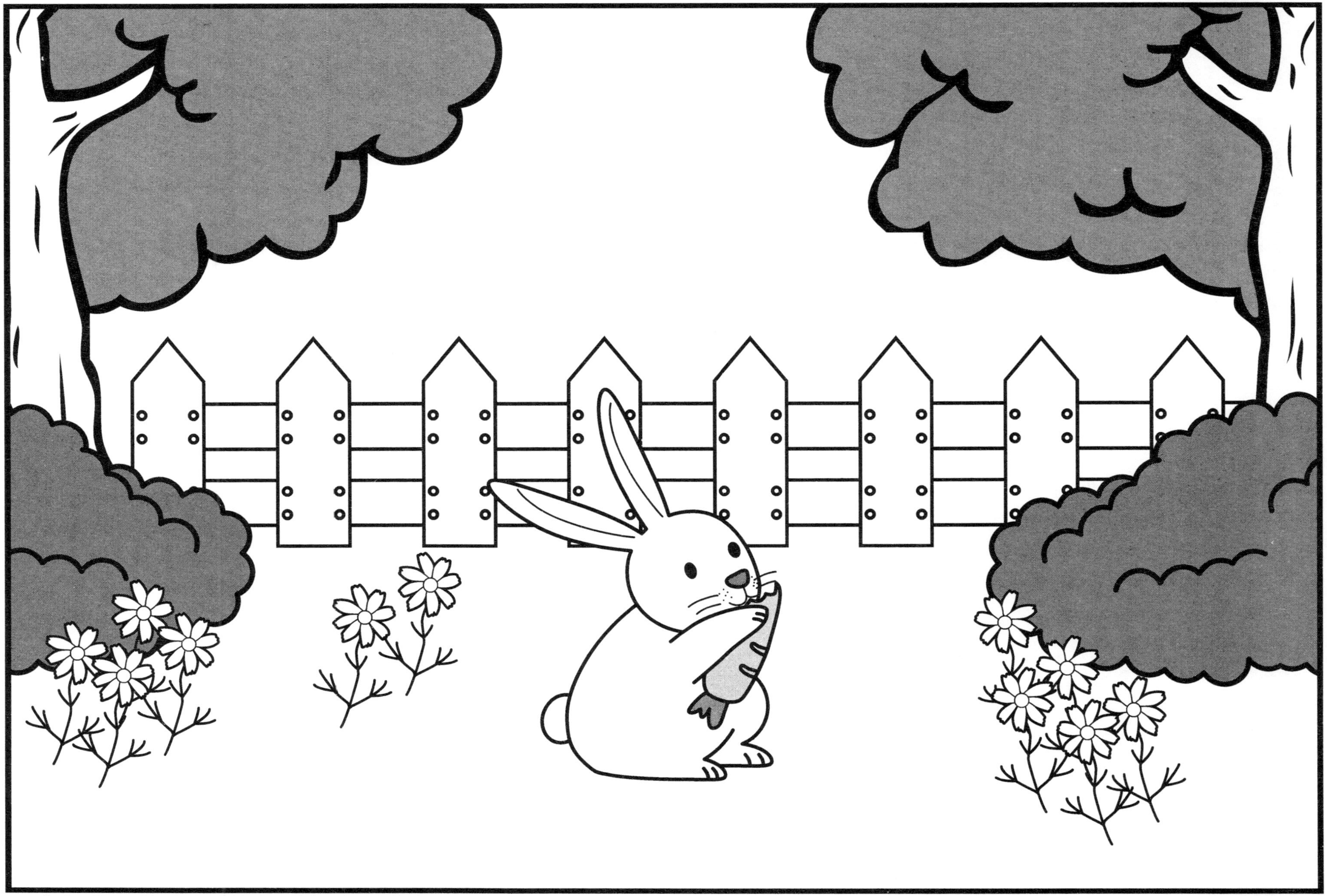

問題6

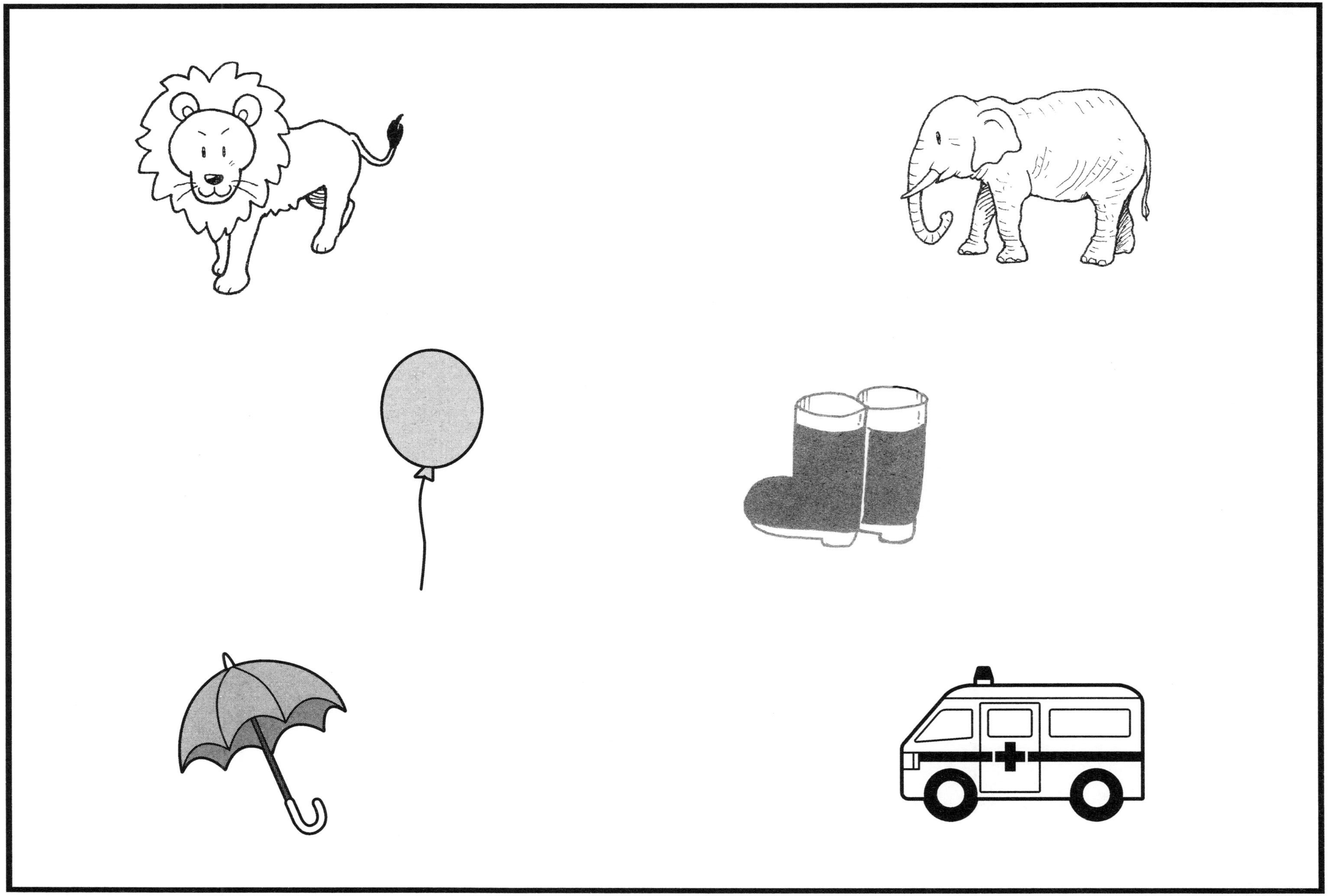

問題10

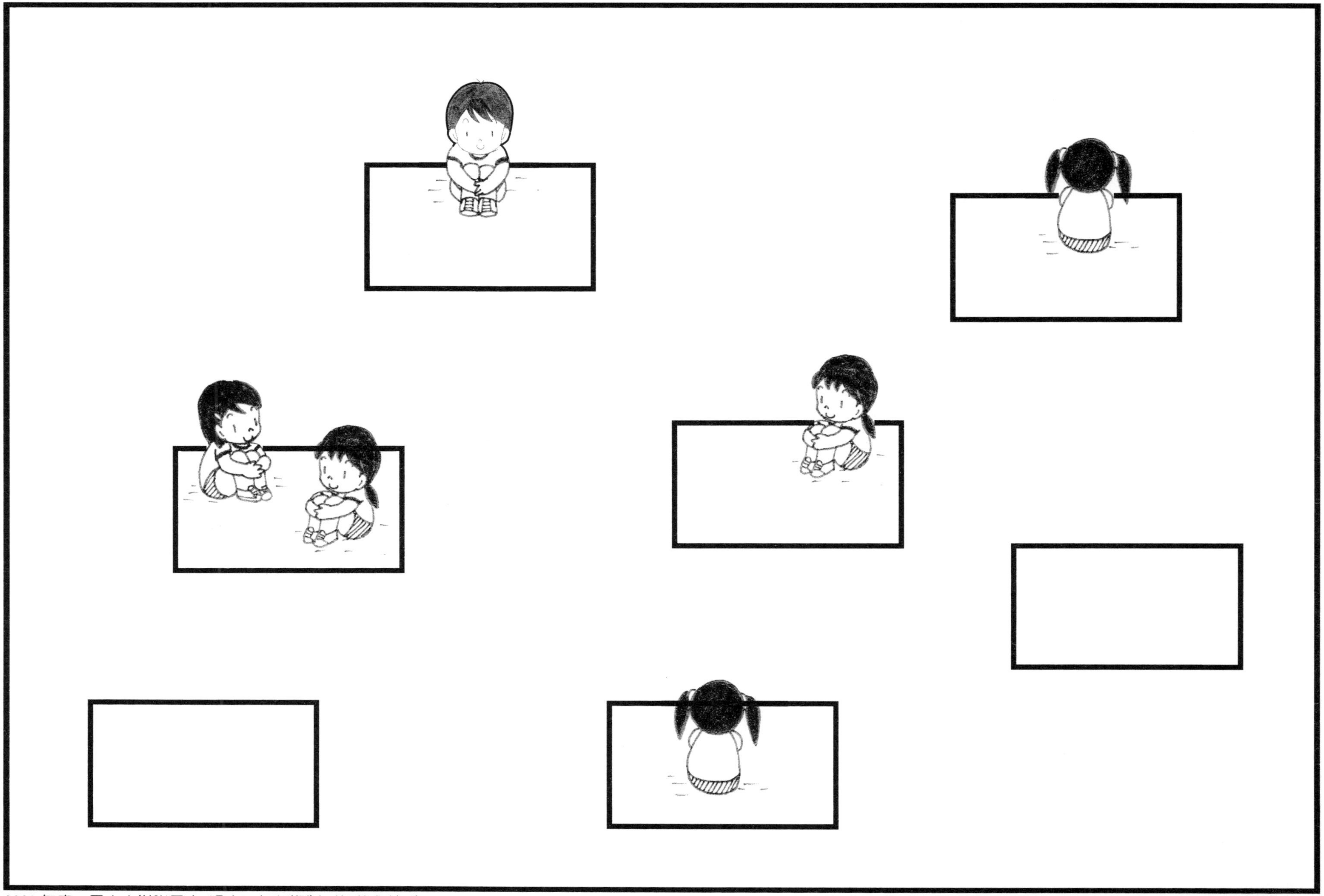

2021年度入試
解答例・学習アドバイス

解答例では、制作・巧緻性・行動観察・運動といった分野の問題の答えは省略されています。こうした問題では、各問のアドバイスを参照し、保護者の方がお子さまの答えを判断してください。

問題1　分野：図形（積み木）

〈解 答〉　省略

ここ3年程細部まで同じ問題が多く出題されているのですが、この問題もその1つです。積み木をお手本通りに積み上げる問題です。特に難しいものではありませんが、積み木で遊んでいないと多少はまごついてしまうかもしれません。まずは積み木に触れること、あえて作るものを決めずに積み木で遊ぶといったことをふだんからしておきましょう。積み木遊びは立体というものを感覚的に学ぶ機会の1つにもなるので、就学前の学習としてはかなり効果的なものです。練習も兼ねて一度触っておいてください。

【おすすめ問題集】

Ｊｒ・ウォッチャー10「四方からの観察」、16「積み木」
53「四方からの観察　積み木編」

問題2　分野：数量（数を分ける）

〈解 答〉　女の子の箱から積み木を5個取り出し、男の子の箱に移す。

これも数年来同じ問題です。積み木を使い、順を追って考えれば自然と答えがわかるので、特に解説の必要はないでしょう。小学校受験の基本として10以下の数を把握するということがよく言われます。具体的に言うと、指折り数えることなくいくつのものがあるかがわかったり、リンゴが5つ描いてある絵とリンゴが4つ描いてある絵を見比べて、どちらが多いかがひと目でわかるということです。特別な訓練が必要なものではなく日常生活で自然と身に付く感覚ですが、入学前にその程度の感覚を身に付けておいてほしいということでこの問題が出題されているのです。

【おすすめ問題集】

Ｊｒ・ウォッチャー14「数える」、16「積み木」、38「たし算・ひき算1」
39「たし算・ひき算2」、43「数のやりとり」

問題3　分野：推理（四方からの観察）

〈解 答〉　真ん中

鏡像（鏡に映ったもの）は左右が反転するということを知っているか。それを確かめる問題です。５・６歳のお子さまならこういったことは学習と言うよりは、経験から学ぶことです。言い換えれば、そういった知的好奇心があり、そういったことに気付く生活を送っているかということです。また、イラスト描いてある男の子の視点でという点にも注意してください。この場合は自分の左右とは逆になります。

【おすすめ問題集】

Ｊｒ・ウォッチャー８「対称」、48「鏡図形」

問題4　分野：推理（系列）

〈解 答〉　○のカード

系列の問題ですが基礎中の基礎なので特に対策は必要ありません。何となく答えがわかってしまうお子さまも多いとは思いますが、それだと応用が利かなくなるので考え方だけでも知っておきましょう。例えば「○・△・□」という３つの記号が繰り返し並んでいれば、「○・△・□」というパターンを系列と言います。小学校受験ではそれを「お約束で並んでいる」と言ったりしますが、その法則性を発見する問題を「系列の問題」と言っているわけです。後述するように解き方にハウツー（テクニック）がある問題ですが、できれば正面から考えたい問題です。

【おすすめ問題集】

Ｊｒ・ウォッチャー６「系列」

問題5　分野：口頭試問（お話作り）

〈解 答〉　省略

この問題も数年来同じです。おもしろいお話を考える能力というよりは年齢なりの語彙を持ち、説明ができるかということを評価するための課題でしょう。何年も同じ課題ということは、準備をしておきなさい、という学校からのメッセージも含まれているかもしれませんが、印象に残ろうとして個性的なお話を作る必要はありません。話の内容でなく、入学してから授業についていけるか、のびしろはあるのかということを評価しているのです。

【おすすめ問題集】

新口頭試問・個別テスト問題集、Ｊｒ・ウォッチャー21「お話作り」

問題6　分野：常識（生活）

もののの名前は常識の問題です。変わったものはあまり出題されないので、特に学んでおかないといけないというものはありません。年齢なりに知っておいた方がよいと思うものはお子さまに教えておくようにしてください。できれば実物を見せながら、何をするものか、いつ使うものかなども教えるとお子さまの印象にも残るでしょう。こういった問題を含めて常識の問題のほとんどは、生活の中で知ることから出題されています。何かを教える時はそのことを意識するようにしてください。

【おすすめ問題集】

新口頭試問・個別テスト問題集
Ｊｒ・ウォッチャー11「いろいろな仲間」、18「いろいろな言葉」、
27「理科」、55「理科②」

問題7　分野：運動

例年、運動の課題は、先生が運動のお手本を見せた後に、お子さまが実際に行うという形式で行われます。難しいものではないので、指示を理解してその通りに行えば悪い評価は受けないはずです。運動の上手下手はそれほど評価されません。年齢なりの動きができれば、それで充分でしょう。
運動や行動観察は、入学してからのシュミレーションのようなもので、お子さまが授業に対応できるかという観点で行われています。繰り返しになりますが、できた・できないということはあまり重要ではないということを保護者の方も理解しておきましょう。

【おすすめ問題集】

新運動テスト問題集、Ｊｒ・ウォッチャー28「運動」

問題8　分野：行動観察

数年来行われている行動観察のうちの１つになります。特にあやとりを推奨するわけではありませんが、いつもこの「山」を作るので覚えておいてください。モニターで説明はされるのですが、よくわからなくなるかもしれないので、念の為です。最近はこうしたアナログの遊びも少なくなってきたので、ゲームばかりしているお子さまにはかえって目新しく映るかもしれません。お子さま興味を持つようであれば、積み木遊びや折り紙などにもチャレンジしてみましょう。

【おすすめ問題集】

実践 ゆびさきトレーニング①②③、
Ｊｒ・ウォッチャー25「生活巧緻性」、29「行動観察」

問題9　分野：行動観察

難しい内容はありませんが、お子さまがグループで行動する、知らないお友だちと積極的に関わるといったことが苦手なら、そういう機会を作り、予行演習をしておいた方がよいでしょう。協調性が観点ですから、その点を意識して行動するようにしてください。目立つ必要はないのでスタンドプレーはしないようにしてください。前年も書きましたが、こうした課題でやってはいけないのは、①指示を理解していない。②ほかの志願者の迷惑になる。③ほかの志願者とコミュニケーションがとれない。といったことです。

【おすすめ問題集】

Ｊｒ・ウォッチャー29「行動観察」

問題10　分野：行動観察

例年出題されている、集団遊びの問題です。本問の観点も、協調性ということになります。「うちの子には協調性がある」と思っている保護者の方も、油断しないようにしてください。試験の場では緊張のあまり、ほかの人への配慮ができなくなるかもしれません。ルールを理解する能力があり、他人とのコミュニケーションが取れると評価されるような行動を取ればよい、というと少し難しいように感じますが、たいていのお子さまが自然にそういった行動を取れるものです。お子さまにアドバイスする際は「ふだん通りに」の一言で充分です。

【おすすめ問題集】

Ｊｒ・ウォッチャー29「行動観察」

岡山大学教育学部附属小学校　専用注文書

年　　月　　日

合格のための問題集ベスト・セレクション

＊入試頻出分野ベスト３

1st　推　理

聞く力　観察力　思考力

2nd　言　語

語彙力

3rd　記　憶

集中力　聞く力

数年間ほとんど同じ問題が出題されています。ミスなしは当然として、それ以外の部分でアピールできるかに結果が左右されます。過去問は何度も繰り返し解いてください。

分野	書　名	価格(税込)	注文	分野	書　名	価格(税込)	注文
図形	Ｊｒ・ウォッチャー 6「系列」	1,650 円	冊	運動	Ｊｒ・ウォッチャー 28「運動」	1,650 円	冊
図形	Ｊｒ・ウォッチャー 8「対称」	1,650 円	冊	観察	Ｊｒ・ウォッチャー 29「行動観察」	1,650 円	冊
図形	Ｊｒ・ウォッチャー 10「四方からの観察」	1,650 円	冊	数量	Ｊｒ・ウォッチャー 38「たし算・ひき算 1」	1,650 円	冊
常識	Ｊｒ・ウォッチャー 11「いろいろな仲間」	1,650 円	冊	数量	Ｊｒ・ウォッチャー 39「たし算・ひき算 2」	1,650 円	冊
常識	Ｊｒ・ウォッチャー 13「時間の流れ」	1,650 円	冊	図形	Ｊｒ・ウォッチャー 48「鏡図形」	1,650 円	冊
数量	Ｊｒ・ウォッチャー 14「数える」	1,650 円	冊	言語	Ｊｒ・ウォッチャー 49「しりとり」	1,650 円	冊
数量	Ｊｒ・ウォッチャー 16「積み木」	1,650 円	冊	図形	Ｊｒ・ウォッチャー 53「四方からの観察　積み木編」	1,650 円	冊
言語	Ｊｒ・ウォッチャー 17「言葉の音遊び」	1,650 円	冊	常識	Ｊｒ・ウォッチャー 55「理科②」	1,650 円	冊
言語	Ｊｒ・ウォッチャー 18「いろいろな言葉」	1,650 円	冊		1 話 5 分の読み聞かせお話集①②	1,980 円	各　冊
記憶	Ｊｒ・ウォッチャー 20「見る記憶・聴く記憶」	1,650 円	冊				
言語	Ｊｒ・ウォッチャー 21「お話作り」	1,650 円	冊				
巧緻性	Ｊｒ・ウォッチャー 25「生活巧緻性」	1,650 円	冊				
常識	Ｊｒ・ウォッチャー 27「理科」	1,650 円	冊				

合計	冊	円

（フリガナ） 氏　名	電　話 ＦＡＸ E-mail
住　所　〒　　　－	以前にご注文されたことはございますか。 有　・　無

★お近くの書店、または記載の電話・FAX・ホームページにてご注文をお受けしております。
電話：03-5261-8951　FAX：03-5261-8953　代金は書籍合計金額＋送料がかかります。
※なお、落丁・乱丁以外の理由による商品の返品・交換には応じかねます。

★ご記入頂いた個人に関する情報は、当社にて厳重に管理致します。なお、ご購入の商品発送の他に、当社発行の書籍案内、書籍に関する調査に使用させて頂く場合がございますので、予めご了承ください。

日本学習図書株式会社
http://www.nichigaku.jp

2020年度以前の問題

問題11　分野：お話の記憶

〈準備〉　なし

〈問題〉　これからお話をします。よく聞いて、後の質問に答えてください。

今日は日曜日です。たろうくんは、お友だちと公園で遊ぶ約束をしています。朝ごはんを食べた後、たろうくんはボールを持って公園に行きました。公園ではお友だちが待っていました。さっそく、たろうくんはお友だちといっしょに遊び始めました。まず最初に、砂場ですもうを取りました。たろうくんは体が大きいので、すもうにどんどん勝って1番になりました。次に、お友だちが持ってきた大縄でなわとびをしました。たろうくんはうまく跳べず、何度も縄に引っかかってしまいます。ですが、お友だちが跳ぶコツを教えてくれたので、はじめよりも上手く跳べるようになりました。最後に、たろうくんが持ってきたボールを使って、みんなでボール遊びをしました。自分が持ってきたボールを使って、みんなが楽しそうに遊んでいる様子を見て、たろうくんはニコニコしていました。

（問題11の絵を見せる）
たろうくんが遊んだものを順番に、絵を指でさしてください。

〈時間〉　20秒

〈解答〉　上（すもう→なわとび→ボール遊び）

［2020年度出題］

学習のポイント

お話が短く、設問も1問なので簡単な問題です。こうした問題は楽に答えられるのですが、ほかの志願者も当然正解しますから、ケアレスミスをしてはいけない問題ということにもなります。解答の精度を高めるためには、「誰が」「何を」「～した」というお話のポイントとなる描写を的確に記憶し、自分なりに整理してから質問に答えるというのが基本です。その時、文字ではなく、情景をイメージできるようになれば、さらにお話の流れが把握しやすくなるでしょう。なお、当校の入試は全分野に渡って、ここ数年ほぼ同じ問題が出題されています。学校としては「まったく対策をしていない志願者はお断りする」ということかもしれません。合格を目指すなら、満点の解答をした上で、さらにプラスアルファを加えましょう。積極的に行動する、周囲を気遣う、きちんと聞く・話すなど、お子さまの個性にあわせて、単に○×を答えられる以上の長所を見せてください。

【おすすめ問題集】
1話5分の読み聞かせお話集①②、お話の記憶 初級編・中級編・上級編、
Ｊｒ・ウォッチャー19「お話の記憶」

問題12　分野：数量

〈準備〉　立方体の積み木（12個）、箱（2個、ピンクと青）
あらかじめ、問題12のイラストを真ん中の線で2つに切り分け、青い箱に男の子の絵を、ピンクの箱に女の子の絵を貼り付けておく。
また、ピンクの箱には積み木を8個、青い箱には積み木を4個入れておく。

〈問題〉　男の子の箱と女の子の箱があります。男の子の積み木が9個になるように、女の子から積み木を移してください。

〈時間〉　20秒

〈解答〉　女の子の箱から積み木を5個取り出し、男の子の箱に移す。

［2020年度出題］

学習のポイント

分配の問題です。いきなり答えようとするのではなく、積み木を使い、順を追って考えれば自然とわかるでしょう。特に解説の必要はないかもしれません。では、なぜここで出題されているかというと、「数に対する感覚」が曖昧なお子さまは意外と多く、それを備えているかどうかを観たいからです。「数に対する感覚」とはひと目で2つの集合の多少ががわかったり、10以下の数であれば、指折り数えることなくいくつのものがあるかがわかる、といったことです。文字にするとややこしい感じがしますが、特別な訓練が必要なものではなく日常生活で自然と身に付くものですから、機会を逃さぬようにして学習してください。買い物をする時、食べ物を配る時、お手伝いをする時など、機会は多いはずです。

【おすすめ問題集】
Ｊｒ・ウォッチャー14「数える」、16「積み木」、38「たし算・ひき算１」
39「たし算・ひき算２」、43「数のやりとり」

問題13　分野：図形

〈準備〉　立方体の積み木（9個）

〈問題〉　お手本の絵をよく見て、同じように積み木を積んでください。

〈時間〉　1分

〈解答〉　省略

［2020年度出題］

学習のポイント

これもここ数年出題されている、積み木をお手本通りに積み上げる問題です。問題集や幼児教室では、「縦・横・高さがそれぞれ2個ずつの、計8個の積み木でできた立方体に、積み木を加えて（取り除いて）と手本と同じ形する」という解答方法をすすめられると思います。こういった解き方がすすめられるのは、幼児期にはまだ立体をイメージするだけの空間認識力が発達していないからです。そこで、「基本となる形（積み木）からの差し引きだけで答えられる」ように工夫する、言い換えれば、単なる積み木のたしひきに変えてしまおう、というのがこの解答方法の意図です。この考え方を教えても、「この積み木をこちらに移動して、次に…」といった手順が思い浮かばないというお子さまは、積み木を並べることそのものに慣れていないのでしょう。まずは積み木に触れること、あえて作るものを決めずに積み木で遊ぶことから始めてみてください。

【おすすめ問題集】

Ｊｒ・ウォッチャー10「四方からの観察」、16「積み木」
53「四方からの観察　積み木編」

問題14　分野：推理

〈準備〉　なし

〈問題〉　**この問題の絵は縦に使用してください。**
（問題14の絵を見せる）
上の段を見てください。絵の中の男の子から、雪だるまはどのように見えますか。下の段から選んで指さしてください。

〈時間〉　30秒

〈解答〉　真ん中

［2020年度出題］

学習のポイント

正面から見たものは、鏡に映れば左右が逆に見えます。この仕組みが理解できていないと、この問題や「鏡図形」の問題に答えることはできません。お子さまに鏡に映った絵を見せるなどして、鏡像（鏡に映ったもの）は実物と左右が反転する、ということを理解させてください。また、この問題では「（絵に描いてある）男の子から見たもの」という条件が加えられています。「（絵に描いてある人から見えるものの左右と）自分から見ての左右とは違う」ということは意外と理解できていないものです。試験を受けるお子さまの年頃では、視点（どこから見る）を自分以外のところに置くという感覚がわからないのです。位置関係を把握することは知識を得る以前に、感覚的に身に付けておくべきことの1つですが、理解できていない場合もあるということを踏まえて、指導・解説するようにしましょう。

【おすすめ問題集】

Ｊｒ・ウォッチャー８「対称」、48「鏡図形」

問題15　分野：系列

〈準備〉　あらかじめ、問題15－2の絵を線に沿って切り取っておく。

〈問題〉　（問題15－1の絵を見せ、準備した問題15－2のカードを渡す）
四角の中にはどのカードが入りますか。当てはまるものを置いてください。

〈時間〉　20秒

〈解答〉　○

［2020年度出題］

学習のポイント

系列の基本的な問題です。記号や絵がどのようなパターンで並んでいるかに関して聞く、というのが系列の問題ですが、ここでは「○・△・□」という３つの記号の並びですから、何を問われているかさえわかればスムーズに答えられるのではないでしょうか。さらに複雑になってくると、①同じ記号や絵を探してそれぞれ別の指で押さえる。②その指の間隔を保ったまま、空欄になっている部分に一方の指を移動させる。③空欄に入る記号がわかる。といったハウツーもあるのですが、ここではそれを使う必要もないでしょう。余談ですが、こういったハウツーはたいていの場合、「考えて答えを発見する」という問題の趣旨にかなっていません。学校によってはハウツーが使えないような問題を出題したり、ハウツーで答えた解答の評価を下げるといった対応をすることがあります。どうしてもわからない、あるいは時間がないといった時だけに使用した方が無難でしょう。

【おすすめ問題集】
Ｊｒ・ウォッチャー６「系列」

問題16　分野：常識

〈準備〉　なし

〈問題〉　（問題16の絵を見せる）今から指さすものの名前を答えてください。
（絵を指さして答えさせる）

〈時間〉　適宜

〈解答〉　省略

［2020年度出題］

学習のポイント

名前を聞かれているものは、いずれも年齢相応の知識があれば解答できるものです。注意するのは、方言や幼児言葉などではなく、標準語の名称を答えることぐらいでしょうか。使い慣れた言葉や表現が試験で出てしまうことはよくありますから、保護者の方が気が付く範囲で構いません、お子さまが標準語と勘違いしている言葉・表現があれば、その場で言い直すようにしてください。また、試験のためにというわけではありませんが、ものの名前を覚える時に、生きものであれば棲息地や餌とするもの、野菜なら旬など、その特徴と関連付けて覚えるようにしておくと、体系的に知識・言葉を覚えることになり、効率のよい学習となります。当校に限らず、小学校受験における常識分野の問題は、日常生活で学ぶ知識から出題されます。わざわざ遠くまで出かける必要はありません、日常生活でそうした効率のよい学習を心がけましょう。

【おすすめ問題集】

新口頭試問・個別テスト問題集
Ｊｒ・ウォッチャー11「いろいろな仲間」、18「いろいろな言葉」、
27「理科」、55「理科②」

問題17　分野：言語（お話作り）

〈準備〉　なし

〈問題〉　（問題17の絵を見せる）
絵には何が描かれていますか。お話してください。

〈時間〉　適宜

〈解答〉　省略

［2020年度出題］

学習のポイント

例年出題される、絵を参考にしてお話を作る問題です。参考にする絵をただ眺めていてもなかなか話は作れませんから、まずその絵を「～が～している」と短い文にしてみましょう。本問であれば、「ウサギがニンジンを食べている」です。次にそれ以外の「様子」を加えてみます。「ウサギが、庭でニンジンを食べている。庭には花が咲いていて、チョウやハチが飛んでいる」となります。絵が複数あれば、この作業を繰り返し、矛盾がないようにつなげれば１つのお話になるのですが、ここでは１枚しか絵がないので、前後は想像しなくてはなりません。日頃から読み聞かせを行っていれば、お話の流れというものを聞いたことのあるお話に当てはめられるので答えやすいでしょう。面白い話をしなさいと言われているわけではありませんから、よく知られている「桃太郎」でも「かぐや姫」でもかまいません。登場人物を入れ替えて話を作ってください。

【おすすめ問題集】

Ｊｒ・ウォッチャー21「お話作り」

問題18　分野：運動

〈準 備〉　ビニールテープ、平均台、旗

〈問 題〉　**この問題の絵はありません。**
（10人程度のチームで行う。それぞれの運動ごとに出題者がお手本を見せる）
①準備体操をしましょう。手を何回かグーパーした後、力を抜いて手をブルブルと振り、膝を曲げて屈伸してください。その後、その場で駆け足してください。
②（床にビニールテープを貼り、スタートとゴールにする）
ケンパーでスタートからゴールまで進みましょう。私が声をかけますので、「ケン」と言ったら片足で前に跳んで、「パー」と言ったら両足開きで前に跳んでください。
（出題者が指示を出し、ゴールに着くまで続ける）
③平均台を端から端まで歩いて渡ってください。
④（あらかじめ２人１組にグループを分けておく）２人１組でかけっこをします。赤い旗を上げたら、向こうの赤い線まで競走してください。
⑤足ジャンケンをしましょう。足を閉じたらグー、横に開いたらパー、前後に開いたらチョキです。私の言うとおりに足を開いてください。グー、チョキ、パー。チョキ、グー、パー。

〈時 間〉　適宜

〈解 答〉　省略

［2020年度出題］

学習のポイント

例年、運動の課題は、先生が運動の説明をして、お手本を見せた後に、お子さまが実際に行うという形式で行われます。運動の内容自体はそれほど難しくありませんが、１つひとつの動作が細かく指示されています。それらを聞き逃さないように先生の話を聞き、理解しましょう。当校はアスリートを養成するための学校ではありませんから、年齢相応の運動ができれば運動の結果や出来は重要ではありません。ただし、消極的に見えたり、自信がなさそうに見えると、指示が理解できていないと観られてしまうかもしれません。悪目立ちしない程度に、周囲と同じ程度の速さで動き、指示が理解できていることを示しましょう。指示以外の行動の部分、例えば、終わったら余計なことをせずに待つ、といったことは保護者の方の視点で構いません、お子さまの足りない部分を指摘してください。

【おすすめ問題集】
新運動テスト問題集、Ｊｒ・ウォッチャー28「運動」

問題19　分野：行動観察

〈準備〉　カード（トランプ、カルタなど、どんなカードでもよい）

〈問題〉　**この問題の絵はありません。**
（3～4人のグループで行う。各々にカードを4枚ずつ配ってから始める）
これからじゃんけんゲームをします。
①周りにいるお友だちと2人組を作ってください。
②お友だちと「こんにちは」とあいさつをして、握手してください。
③ジャンケンをして、勝ったら負けた人からカードを1枚もらってください。
④カードが全部なくなった人は、先生のところへ行って新しいカードをもらってください。
⑤先生が「やめてください」と言うまで周りのお友だちとどんどんジャンケンを続けてください。終わったら、自分の持っているカードの数をかぞえてみましょう。

〈時間〉　適宜

〈解答〉　省略

［2020年度出題］

学習のポイント

前年度も、ほぼ同様の問題が出題されています。練習するほど難しい内容はありませんが、お子さまがグループで行動する、知らないお友だちと積極的に関わるといったことが苦手なら、予行演習をしておいた方が無難です。当たり前の話ですが、入試ではお子さまの性格は配慮されません。また、グループでの行動観察は協調性が観点ですから、ルールを理解し、息をあわせて行なわないとうまくいかない本問のような課題（ゲーム）がよく見られます。ただし、積極性を見せようとしてほかの志願者に指示したりする必要はありません。また、むりやり声を出さなくても、表情や動作に他人を思いやる気持ちが表れていれば、悪い評価は受けないでしょう。よい評価が得られないのは、①指示を理解していない。②ほかの志願者の迷惑になる。③ほかの志願者とコミュニケーションがとれない。といったことが目についた場合です。

【おすすめ問題集】
Ｊｒ・ウォッチャー29「行動観察」

問題20　分野：行動観察

〈準備〉　あやとりのひも（毛糸で作る）

〈問題〉　**この問題の絵はありません。**
私（出題者）がするのと同じようにまねしてあやとりをしてください。
（長さ1mほどの毛糸であやとりの「山」を作る）

〈時間〉　適宜

〈解答〉　省略

［2020年度出題］

学習のポイント

最近、あやとりをするお子さまを目にすることは少なくなってきました。書店にはあやとり、折り紙など昔ながらの遊びを取り扱った本がまだ多く並んでいますから、そういったものに親しんでほしいという意図があるのかもしれません。運筆などもそうですが、手を使った遊び、作業には脳の発達を促す効果があるそうです。モニターを使ったゲームばかりではなく、こうした実物を使った昔ながらの遊びを行ってみるのも、よい気分転換になるでしょう。なお、ここでは「テスターのまねをしてあやとりをする」という1つの指示しかありませんが、それだけにその指示は間違いなく理解できるように、よく観察しないといけません。動作を覚えるというのはお子さまにはかなり難しいことなので、この部分だけはある程度訓練しておいた方がいいでしょう。

【おすすめ問題集】
実践 ゆびさきトレーニング①②③、
Ｊｒ・ウォッチャー25「生活巧緻性」、29「行動観察」

問題21　分野：行動観察

〈準 備〉　ゼッケン（赤、緑、青、黄）またはそれに代わるもの
ビニールテープ（12色程度）

〈問 題〉　この問題は絵を参考にしてください。
（20人程度のグループで行う）
（あらかじめ、床にビニールテープで絵のように四角を作っておく）
ゼッケンの色を使って、みんなでフルーツバスケットをして遊びましょう。これから私（出題者）が色を言ったら、その色の人は次に言う色の四角の中で座ってください。例えば、「赤の人は青へ」と言ったら、赤いゼッケンを付けている人が青い四角の中へ入って座ってください。
（1つの色だけでなく、「赤と黄」「みんな」などの指示も行う）

〈時 間〉　適宜

〈解 答〉　省略

［2020年度出題］

学習のポイント

例年出題されている、集団遊びの問題です。ここ数年はフルーツバスケットの問題が連続して出題されています。もちろん、本問の観点は、フルーツバスケットができることではなく、ルールを理解してほかのお友だちと仲良く遊べるかどうかです。フルーツバスケットに限らず、大なわとびなど、幼稚園（保育園）でほかのお友だちと遊ぶ時に、ルールを守って遊んでいるか、ほかのお友だちに迷惑をかけていないかなどを気にするようにお子さまを誘導してください。遊びと言えども、自分だけが楽しんで、周りのお友だちとのコミュニケーションが取れていないと評価はされません。ルールを理解する能力があり、他人とのコミュニケーションが取れると評価されるような行動を取りましょう。

【おすすめ問題集】
Ｊｒ・ウォッチャー29「行動観察」

問題22　分野：運動

〈準備〉　ビニールテープ

〈問題〉　**この問題の絵はありません。**

（10人程度のチームで行う。それぞれの運動ごとに出題者がお手本を見せる）

①準備体操をしましょう。手を５回グーパーした後、力を抜いて手をブルブル振ってください。

②膝を曲げて屈伸してください。その後、その場で素早く足踏みして、ランニングのまねをしましょう。ただし、手は動かさないでください。

③（床にビニールテープを貼り、スタートとゴールにする）
ケンパーでスタートからゴールまで進みましょう。私が声をかけますので、「ケン」と言ったら片足で前に跳んで、「パー」と言ったら両足開きで前に跳んでください。
（出題者が指示を出し、ゴールに着くまで続ける）

④足ジャンケンをしましょう。足を閉じたらグー、横に開いたらパー、前後に開いたらチョキです。私の言うとおりに足を開いてください。グー、チョキ、パー。チョキ、グー、パー。

〈時間〉　適宜

〈解答〉　省略

［2017年度出題］

学習のポイント

さまざまな運動をしますが、１つひとつの運動はそれほど難しいものではありません。年齢相応の運動能力が身に付いていれば充分です。ただし、運動をする前に先生によるお手本があるので、よく見てその動きをまねをするようにしてください。こうした運動の課題では、お子さまの運動能力だけでなく、人の話や指示を聞いて理解する力や、物事に対する集中力なども観られています。理解力や集中力が欠けていると、お手本をただ見ているだけになってしまい、その結果、思い込みで違う運動をしてしまうかもしれません。慌てずに集中して話を聞くことを重視してください。逆に、ご家庭ではあまりなじみのない運動がでも、お手本をよく見れいればその通りに動くことができます。指示通りに動く練習を重ねて、集中力を養ってください。なお、当日はじめて会うお友だちといっしょに運動をするので、慣れないお子さまは戸惑ってしまうかもしれません。幼稚園（保育園）での遊びや、地域の行事への参加などを通して、日常とは違う環境でもふだん通りに振る舞う練習をしておきましょう。

【おすすめ問題集】

新運動テスト問題集、Ｊｒ・ウォッチャー28「運動」

問題23　分野：言語（お話作り）

〈準備〉　あらかじめ、問題23の絵を線で切り取り、６枚のカードにしておく。ただし、右下の１枚は使用しない。

〈問題〉　（５枚のカードを渡し）１つのお話になるように、この５枚のカードを左から順に並べてください。

〈時間〉　３分

〈解答〉　●→■→▲→★→▼

［2016年度出題］

学習のポイント

お話の順番を考える問題は、それぞれのカードの絵が、何をしているところかを考えることがポイントです。絵をよく見ると、登場人物の表情や、描かれているもの、出来事など、ヒントになるものが隠れています。これらをよく見比べて、お話の順番を考えていきましょう。こうした問題に取り組むには、それぞれの絵がどのようなシーンなのかを判断する理解力と、お話を作る想像力が必要です。日頃の読み聞かせにおいて、お話の途中や最後で質問を投げかけて、お子さまのお話に対する理解を深めていきましょう。１つの流れに沿ったお話を作ることが課題ですので、カードの順番が解答例の通りである必要はありません。ここ数年、ほぼ同じ内容の出題です。どのような順序にするか、事前に決めておいてもよいでしょう。

【おすすめ問題集】

Ｊｒ・ウォッチャー21「お話作り」

問題24　分野：言語（お話作り）

〈準備〉　なし

〈問題〉　（問題24の絵を渡して）
この絵を使って、お話を作ってください。お話ができたら、私（出題者）に聞かせてください。

〈時間〉　３分

〈解答〉　省略

［2016年度出題］

学習のポイント

「男の子がブランコに乗っている」だけではなく、周りの様子にも注意を向け、この絵からどんなお話が始まるのか想像してみましょう。男の子の表情から、どう感じているか、ほかにももっと好きな遊びがあるかなど、保護者の方が質問をしながら話を膨らませると、お子さまの想像も活発になるでしょう。思っていること、考えていることを言葉で上手に表現するのはなかなか難しいものです。まずはお話の読み聞かせで、お子さまの語彙を増やし、さまざまな出来事を自分の言葉で語れるようにしましょう。お話の順序と違い、想像力も観るということでしょうから、自由な発想で話しましょう。

【おすすめ問題集】

Ｊｒ・ウォッチャー21「お話作り」

問題25　分野：常識

〈準備〉　なし

〈問題〉　（問題25の絵を見せる）今から指さすものの名前を答えてください。
（絵を指さして答えさせる）

〈時間〉　適宜

〈解答〉　省略

[2016年度出題]

学習のポイント

ものの名称は常識、言語などの分野に関わってきます。記憶する時には、“わんわん”“ブーブー”などの幼児言葉ではなく、一般的に用いられる正しい名前を覚えていくことが大切です。また、名前だけでなく、その特徴や使い道などをいっしょに知る方が覚えやすくなります。目に付いたもの、気になったものの名称を覚えるようにしていくと、知識は自然と増えていきます。

【おすすめ問題集】

新口頭試問・個別テスト問題集

Ｊｒ・ウォッチャー11「いろいろな仲間」、18「いろいろな言葉」、
27「理科」、55「理科②」

家庭学習のコツ①　**「先輩ママのアドバイス」を読みましょう！**

本書冒頭の「先輩ママのアドバイス」には、実際に試験を経験された方の貴重なお話が掲載されています。対策学習への取り組み方だけでなく、試験場の雰囲気や会場での過ごし方、お子さまの健康管理、家庭学習の方法など、さまざまなことがらについてのアドバイスもあります。先輩ママの体験談、アドバイスに学び、ステップアップを図りましょう！

問題26　分野：推理

〈準 備〉　なし

〈問 題〉　（問題26の絵を見せる）
上の絵を見てください。男の子から見ると家はどのように見えますか。下の絵から正しいものを選んで指でさしてください。

〈時 間〉　30秒

〈解 答〉　右

［2016年度出題］

学習のポイント

ものを別の角度から見ると見え方が変わるということは、お子さまにも理解できると思います。しかし、絵に描かれたものを横や後ろから見た時どう見えるかは、立体をイメージする力がないと、想像するのは難しいでしょう。まずは積み木やブロックなどの実物を使い、立体に慣れ親しむところから始めてください。ペーパーの問題に取り組む時は、はじめのうちは形が簡単なものを使うとよいでしょう。サイコロのように、見る角度によって模様が変わるものも、違いがはっきりとわかるので練習に向いています。慣れてきたら、見る方向によって形が変わるような、複雑な図形を使った問題に取り組むとよいでしょう。

【おすすめ問題集】
Ｊｒ・ウォッチャー８「対称」、48「鏡図形」

問題27　分野：運動

〈準 備〉　平均台２台

〈問 題〉　この問題の絵はありません。
①はじめに平均台のところまで走ってください。
できるだけ速く走りましょう。
②次に平均台を端から端まで歩いて渡り、両足を揃えて跳び降ります。
③下りたらその場でケンパーをしてください。（１分後に）やめてください。
④２人１組になって足ジャンケン（グーは足を閉じる、チョキは前後に開く、パーは横に開く）をしましょう。（１分後に）やめてください。

〈時 間〉　適宜

〈解 答〉　省略

［2016年度出題］

学習のポイント

運動の内容は難しいものではありません。年齢相応の運動能力があれば、充分にこなせるものでしょう。平均台の練習をする時は、床にテープを貼ってその上を歩かせると、高さがなくはじめてのお子さまでも怖がらないので有効です。本問は運動の出来よりも、お子さまが課題に意欲的に取り組んでいるかが観られていると考えられます。先生の指示をよく聞き、ふざけたりはしゃいだりしないで一所懸命に取り組んでください。特に、走る時は全力で、平均台から跳び下りる時は足を揃えるなど、細かな指示が多く出されます。運動だけでなく、こうした細かい指示に従えるかどうかも観られていると考えられますので、注意してください。

【おすすめ問題集】

新運動テスト問題集、Ｊｒ・ウォッチャー28「運動」

問題28　分野：数量

〈準備〉　積み木10個、カゴ
あらかじめ、積み木はカゴの中に入れておく。

〈問題〉　①絵を見てください。男の子の積み木が10個になるように、カゴの中から積み木を取り出し、男の子の絵の上に載せてください。
②それでは、女の子の絵の上にも同じように、10個になるように積み木を載せてください。

〈時間〉　各20秒

〈解答〉　①１個載せる　②７個載せる

［2013年度出題］

学習のポイント

ふだんから、さまざまなものを数える練習をしましょう。「５」くらいの数のものから始め、「20」くらいまではスムーズに数えられることが望まれます。数えるということは、「いち、に、さん」と数を唱えるのではありません。積み木やおはじき、鉛筆などのものの数を把握し、数えるのです。計数ができるようになったら、分ける、合わせる、多少を比べるなど、実物を用いて行ってみましょう。このように、生活の中に数える経験を多く取り入れていくと、数の概念や組み合わせが理解できるようになります。その上でペーパー問題に取り組むと、理解度が高まります。

【おすすめ問題集】

Ｊｒ・ウォッチャー14「数える」、16「積み木」、38「たし算・ひき算１」
39「たし算・ひき算２」

問題29　分野：運動

〈準備〉　平均台２台

〈問題〉　この問題の絵はありません。
（２人１組で行う）
最初に平均台を端から端まで歩いて渡りましょう。平均台から両足を揃えて、ピョンと跳び下ります。下りたらラインのところまで走ってください。できるだけ速く走りましょう。ラインまで走ったら、その場に立って腕まわしをします。前に５回、後ろに５回まわしてください。それから、いっしょに走ったお友だちとその場で足ジャンケンをしましょう。勝った人はバンザイ、負けた人は拍手をしてあげましょう。

〈時間〉　適宜

〈解答〉　省略

［2013年度出題］

学習のポイント

何をすればいいのかイメージしながら指示を聞くことが大切です。また、出された課題で何をすればいいかという点に気を取られていると、両足を揃えること、腕を回す回数が決まっていることなどの、細かい指示を忘れがちですので、注意が必要です。練習として、少ない指示、簡単な指示から始めましょう。集中力をつけるために、指示を１度しか出さないような練習をすると、お子さまも指示をしっかり聞こうとするので有効です。

【おすすめ問題集】
新運動テスト問題集、Ｊｒ・ウォッチャー28「運動」

問題30　分野：図形

〈準備〉　立方体の積み木（８個）

〈問題〉　（問題30の絵を見せて）
お手本通りに積み木を積んでください。

〈時間〉　30秒

〈解答〉　省略

［2012年度出題］

学習のポイント

実際の試験では、出題者が積み木を使って実際にお手本を示し、同じように積むという形式だったようです。例年、このような積み木の問題が頻出しています。日頃から積み木遊びをしているお子さまであれば、それほど悩むことなく解答できると考えられます。本問では「見本と同じように作る」という指示ですが、それ以外にも、決まった個数の中で自由に積み木を組み合わせて、できるだけ多くの形を作るなど、さまざまな条件で練習問題に取り組みましょう。また、面や角を合わせて隙間なくていねいに積むなど、仕上がりにも気を配れるとなおよいでしょう。

【おすすめ問題集】
Ｊｒ・ウォッチャー10「四方からの観察」、16「積み木」、
53「四方からの観察　積み木編」

問題31　分野：常識

〈準 備〉　なし

〈問 題〉　絵を見てください。これから私（出題者）が指でさすものの名前を答えてください（絵を指さして答えさせる）。

〈時 間〉　１分

〈解 答〉　省略

[2011年度出題]

学習のポイント

絵を見て、正しい名前を答える問題です。常識の問題では比較的やさしい内容と言えますが、日頃からお子さまと会話の時間をたくさん持って、さまざまなものを見るとともに、ものの名前を正しい名称できちんと覚えていくことが大切です。また、本問のような内容では、イラストで出題される場合と写真で出題される場合がありますから、絵本や図鑑などにふだんから親しみ、イラストと写真、どちらを見ても名前を言えるようにしておきましょう。

【おすすめ問題集】
新口頭試問・個別テスト問題集
Ｊｒ・ウォッチャー11「いろいろな仲間」、27「理科」、55「理科②」

家庭学習のコツ②　「家庭学習ガイド」はママの味方！

問題演習を始める前に、試験の概要をまとめた「家庭学習ガイド（本書カラーページに掲載）」を読みましょう。「家庭学習ガイド」には、応募者数や試験科目の詳細のほか、学習を進める上で重要な情報が掲載されています。それらの情報で入試の傾向をつかみ、学習の方針を立ててから、対策学習を始めてください。

問題32　分野：運動・行動観察

〈準 備〉　スタートラインと25m離れたところにゴールのラインを書いておく。
ケンパーができるように○を書いておく。
※この問題は２人以上で行う。

〈問 題〉　この問題の絵はありません。
①今いるその場所でケンパをしてください。（１分後に）やめてください。
②２人１組になって、足ジャンケン（グーは足を閉じる、チョキは前後に開く、パーは横に開く）をしてください。はい、やめてください。
③次は、２人ずつスタートラインに立ってください。今から向こうのゴールまでかけっこをします。がんばって走ってください。ヨーイドン。

〈時 間〉　適宜

〈解 答〉　省略

［2010年度出題］

学習のポイント

当校では頻出の運動課題です。出題されるのは基礎的な運動なので、年齢相応の体力はしっかりと身に付けておきましょう。実際の試験では、運動をしている時に楽しくなってしまい、指示されていない行動をとってしまったり、運動に熱中しすぎてしまうお子さまが大勢いらっしゃるようです。お子さまがそうならないだけでなく、ほかのお子さまにつられていっしょにふざけてしまったり、乱暴にならないように、日頃から落ち着いて行動するように教えましょう。

【おすすめ問題集】
新運動テスト問題集、Ｊｒ・ウォッチャー28「運動」

問題33　分野：常識

〈問 題〉　絵を見てください。これから私（出題者）が指でさすものの名前を答えてください（絵を指さして答えさせる）。

〈時 間〉　１分

〈解 答〉　省略

［2010年度出題］

家庭学習のコツ③　効果的な学習方法～問題集を通読する

過去問題集を始めるにあたり、いきなり問題に取り組んではいませんか？　それでは本書を有効活用しているとは言えません。まず、保護者の方が、すべてを一通り読み、当校の傾向、ポイント、問題のアドバイスを頭に入れてください。そうすることにより、保護者の方の指導力がアップします。また、日常生活のさまざまなことから、保護者の方自身が「作問」することができるようになっていきます。

学習のポイント

ものの名前を答える問題は、例年出題されています。名前を正しく、自然に認識できるように、ふだんから正式名称で呼ぶよう習慣付けてください。本問で出題されている絵は、5・6歳児なら知っていて当然のものばかりです。語彙の豊富さは、日常会話や絵本の読み聞かせなどで、増やすことができます。特に、絵本や本の読み聞かせは、お子さまの集中力、記憶力、想像力などを育むためにも効果的ですので、多く取り入れてください。また、自信を持ってハキハキと答えることも必要です。ふだんから、お子さまの答えや意見をしっかり聞き、対話の練習をしてください。その上で、間違っている時は、間違いを気付かせるように、正しく指導してください。

【おすすめ問題集】

新口頭試問・個別テスト問題集

Ｊｒ・ウォッチャー11「いろいろな仲間」、27「理科」、55「理科②」

問題34　分野：複合（図形）

〈準備〉　立方体の積み木を16個（見本用：８個、志願者用：８個）
あらかじめ、絵を参考に見本の積み木を作っておく。

〈問題〉　**この問題は絵を参考にしてください。**
見本の積み木をよく見て、同じように積み木を積んでください。

〈時間〉　１分

〈解答〉　省略

[2010年度出題]

学習のポイント

前年度も同様の出題がありました。積み木を一方向からでなく、さまざまな角度から観察してみましょう。多方向から観察することで、立体的に見る力、イメージ力が付きます。ふだんから、さまざまな形の積み木やブロックを使い、さまざまな形を作ってみましょう。指示通りに作る、自由に作るなど、数多くの作業を行うことで、空間認識力を養うことができます。慣れてきたら、きれいに積んでいく、向きをあわせるなど、細かいところまで注意できるように促してください。

【おすすめ問題集】

Ｊｒ・ウォッチャー10「四方からの観察」、16「積み木」、
53「四方からの観察　積み木編」

問題35　分野：面接

〈準 備〉　なし

〈問 題〉　この問題の絵はありません。
①あなたは今、何歳ですか。
②今日はどうやって、学校まで来ましたか。

〈時 間〉　３分

〈解 答〉　省略

［2010年度出題］

学習のポイント

考えさせるような質問はありませんから、質問にきちんと答えられるよう、会話の練習をしておきましょう。面接での質問に答えられるということは、単に返事ができるということだけでなく、相手の目を見て、内容が伝わるようにはっきり話せるということです。答える時も答えの単語を言うだけではなく「６歳です」「電車で来ました」と、最後まで話せるように心がけてください。

【おすすめ問題集】
新 小学校受験の入試面接Ｑ＆Ａ、面接テスト問題集

問題36　分野：数量

〈準 備〉　おはじき15個
あらかじめ、おはじきを問題36の絵に描かれた男の子の四角に８個、女の子の四角に７個置いておく。

〈問 題〉　（おはじきを載せた問題36の絵を見せる）
男の子のおはじきが13個になるように、女の子からおはじきを動かしてください。

〈時 間〉　15秒

〈解 答〉　女の子のおはじきから５個、男の子の方へ動かす

［2008年度出題］

家庭学習のコツ③　効果的な学習方法～問題集を通読する

過去問題集を始めるにあたり、いきなり問題に取り組んではいませんか？　それでは本書を有効活用しているとは言えません。まず、保護者の方が、すべてを一通り読み、当校の傾向、ポイント、問題のアドバイスを頭に入れてください。そうすることにより、保護者の方の指導力がアップします。また、日常生活のさまざまなことから、保護者の方自身が「作問」することができるようになっていきます。

学習のポイント

最初に、男の子の四角の中に、何個のおはじきがあるかをきちんと数えましょう。四角の中のおはじきの数を間違えてしまうと正解することはできません。本問以外にも、さまざまな数で問題を出し、おはじきの移動の仕方、男の子と女の子の数を確かめながら手で動かし、確認していきましょう。

【おすすめ問題集】

Ｊｒ・ウォッチャー14「数える」、38「たし算・ひき算１」、
39「たし算・ひき算２」

問題37　分野：常識

〈準 備〉　あらかじめ、問題37の絵を線に沿って切り離し、４枚のカードにしておく。

〈問 題〉　①（４枚のカードを渡して）
４枚のカードを、１つのお話になるように左から順番に並べてください。
②ネコは穴の中からどのようにボールを取りましたか。お話をしてください。

〈時 間〉　①30秒　②２分

〈解 答〉　①○→×→△→□　②省略

［2008年度出題］

学習のポイント

お話が成立するようにカードを並べ替える問題です。まず、それぞれのカードが何を表しているかを見て、お話のあらすじを把握します。本問なら、順番がわからなくても、「穴に落としたボールを取った」という内容は理解できるでしょう。すると、ボールを落とした○の絵が最初に、ボールを取った□の絵が最後になると予想できます。次に、この２枚の間で何が起こったのかを考えます。本問なら、○の絵でボールを穴に落としてしまったので、×の絵が次に来るとわかります。また、□の絵で穴に水が満たされているので、バケツで水を汲んでいる△の絵が直前です。このように、「この絵はどうしてこうなったのか」「これからどうなるか」という前後関係を意識すると、お話の順番が順番がわかります。なお、本問でネコが穴に水を入れた理由は、ボールを水に浮かせようとしたからです。このアイデアにお子さまは気付けたでしょうか。こうした柔軟な発想力と、それを察知できる思考力は、本問に限らず、小学校受験全般で必要とされます。

【おすすめ問題集】

新口頭試問・個別テスト問題集、Ｊｒ・ウォッチャー13「時間の流れ」

問題38　分野：数量（計数）

〈準備〉　おはじき10個

〈問題〉　（問題38の絵と準備したおはじきを渡す）
上の四角の中にいる金魚の数だけ、下の四角におはじきを置いてください。

〈時間〉　30秒

〈解答〉　8個

［2007年度出題］

学習のポイント

落ち着いて数えてからおはじきを置いていくようにしましょう。はじめのうちは、金魚に1匹ずつおはじきを置いていき、すべて置けたら、おはじきを下の四角に移してもよいでしょう。徐々に頭の中で数えられるようにするには、さまざまなものの数を数えてください。数の少ないものから始め、２つのものを数える、比べるなどゲーム感覚で取り組むとよいでしょう。

【おすすめ問題集】
Ｊｒ・ウォッチャー14「数える」

問題39　分野：お話の記憶

〈準備〉　なし

〈問題〉　これからするお話をよく聞いて、後の質問に答えてください。
ユウ君は、毎日妹のアヤちゃんを連れて、家の前の公園へ遊びに行きます。いつもは最初にブランコに乗るのですが、今日はほかのお友だちが乗っていたので、すべり台で遊ぶことにしました。何回かすべって遊んでいると、ブランコに乗っていたお友だちがやって来て「ユウ君、アヤちゃん、お待たせ。ブランコを交代するよ」と言いました。ユウ君とアヤちゃんは「ありがとう」とお礼を言って、ブランコで遊びました。２人は、しばらくブランコで遊んでから砂場へ行き、砂団子をたくさん作りました。

問題の絵を見てください。ユウ君とアヤちゃんは、どの順番で遊びましたか。正しいものを選んで、指でさしてください。

〈時間〉　30秒

〈解答〉　真ん中（すべり台→ブランコ→砂場）

［2006年度出題］

学習のポイント

場面をイメージしてお話を聞くようにしましょう。誰が何をして、その結果どうなったのか、さらにその結果を受けて誰が何をしたのか、こうした物語の展開を考えながらお話を読み聞かせると、お子さまの読み聞かせへの理解は早まります。日頃の読み聞かせの時から「今のお話の季節はいつ？」「〇〇は最後にどんなことを考えたと思う？」などの質問をしたり、お話の内容を絵に描いてみる形で練習するとよいでしょう。絵本はお話の情景が描かれているので、場面のイメージがしやすく、読み聞かせる時は役に立ちます。

【おすすめ問題集】

１話５分の読み聞かせお話集①②、１話７分の読み聞かせお話集入試実践編①
お話の記憶　初級編・中級編・上級編、Ｊｒ・ウォッチャー19「お話の記憶」

問題40　分野：想像（お話作り）

〈準備〉　なし

〈問題〉　（問題40の絵を渡して）この絵を使って、お話を作ってください。できたら、私（出題者）に聞かせてください。

〈時間〉　３分

〈解答〉　省略

［2006年度出題］

学習のポイント

お子さまの想像力によるものなので、正解はありません。日頃から本の読み聞かせの機会を多くし、発想力やお話を流れで考える力などを育むようにしてください。はじめのうちは、思い付いた単語を羅列するだけになりがちですので、「どうしてそうなったのか」「その時、登場人物はどう思ったのか」をお子さまに聞いて、お話作りを促してください。「起承転結」がはっきりしている４枚の絵などで練習し、次第に絵の枚数を減らしていくと、ストーリーの「絵になっていない場面」まで想像することになり、お話作りのよい練習になります。

【おすすめ問題集】

Ｊｒ・ウォッチャー21「お話作り」

問題41　分野：行動観察

〈準備〉　あらかじめ、床に円を２つ、20m程度離して書き、両チームの陣地を作っておく。２つの円を１本の線でつないでおく。
子どもを２つのチームに分け、円の中に１列に並ばせておく。
足ジャンケン（グーは足を閉じる、チョキは前後に開く、パーは横に開く）を教えておく。
※数名（偶数）を、２つのグループに分けて行う。

〈問題〉　**この問題の絵はありません。**
各チームの先頭の人は、私が「始めてください」と言ったら線の上を走っていってください。相手のチームの人と線の上で出会ったら、足ジャンケンをして、勝った人はそのまま進んでください。負けた人は自分のチームの陣地まで戻ってください。自分のチームのお友だちが負けたら、すぐに次の人が走っていって、同じようにジャンケンをしてください。どちらかが相手チームの陣地まで入ったら、そちらの勝ちです。では、始めてください。（どちらも相手の陣地に着かなければ３分後に）やめてください。

〈時間〉　３分

〈解答〉　省略

［2006年度出題］

学習のポイント

まずはお話をよく聞いて、遊びのルールを忘れないようにしましょう。ルールを守れなかったり、忘れてしまうと、入学後の学校生活でも問題があると判断されてしまう場合があります。自分の番には全力で取り組み、チームの誰かが行っている時はしっかり応援することが大切です。また、お子さまによっては、相手チームに追い込まれてしまった際、熱中しすぎてジャンケンに負けた人を責めたり、乱暴な態度をとってしまうかもしれません。お子さまにそうした傾向があるようでしたら、日頃の生活を通して集団遊びのルールを確認するようにしましょう。

【おすすめ問題集】
Ｊｒ・ウォッチャー29「行動観察」

問題42　分野：運動

〈準備〉　平均台２台（またはこれに代わるもの）
あらかじめ、平均台を「く」の字型に並べておく。

〈問題〉　**この問題の絵はありません。**
２台の平均台の上を、端から端まで落ちないように渡ってください。途中で落ちてしまったら、その場から平均台に登り、最後まで渡ってください。

〈時間〉　１分

〈解答〉　省略

［2006年度出題］

学習のポイント

平均台の課題は、例年出題されています。まっすぐ、速く平均台の上を歩くには、身体のバランスをとることが大切です。ほかの運動を含め、身体を動かす機会を多く持ち、バランス感覚、敏捷性などを身に付けましょう。ご家庭で平均台を用意するのは難しいと思いますので、床にまっすぐな線を引く、テープを貼るなどして代用品を作って練習してください。

【おすすめ問題集】

新運動テスト問題集、Ｊｒ・ウォッチャー28「運動」

問題11

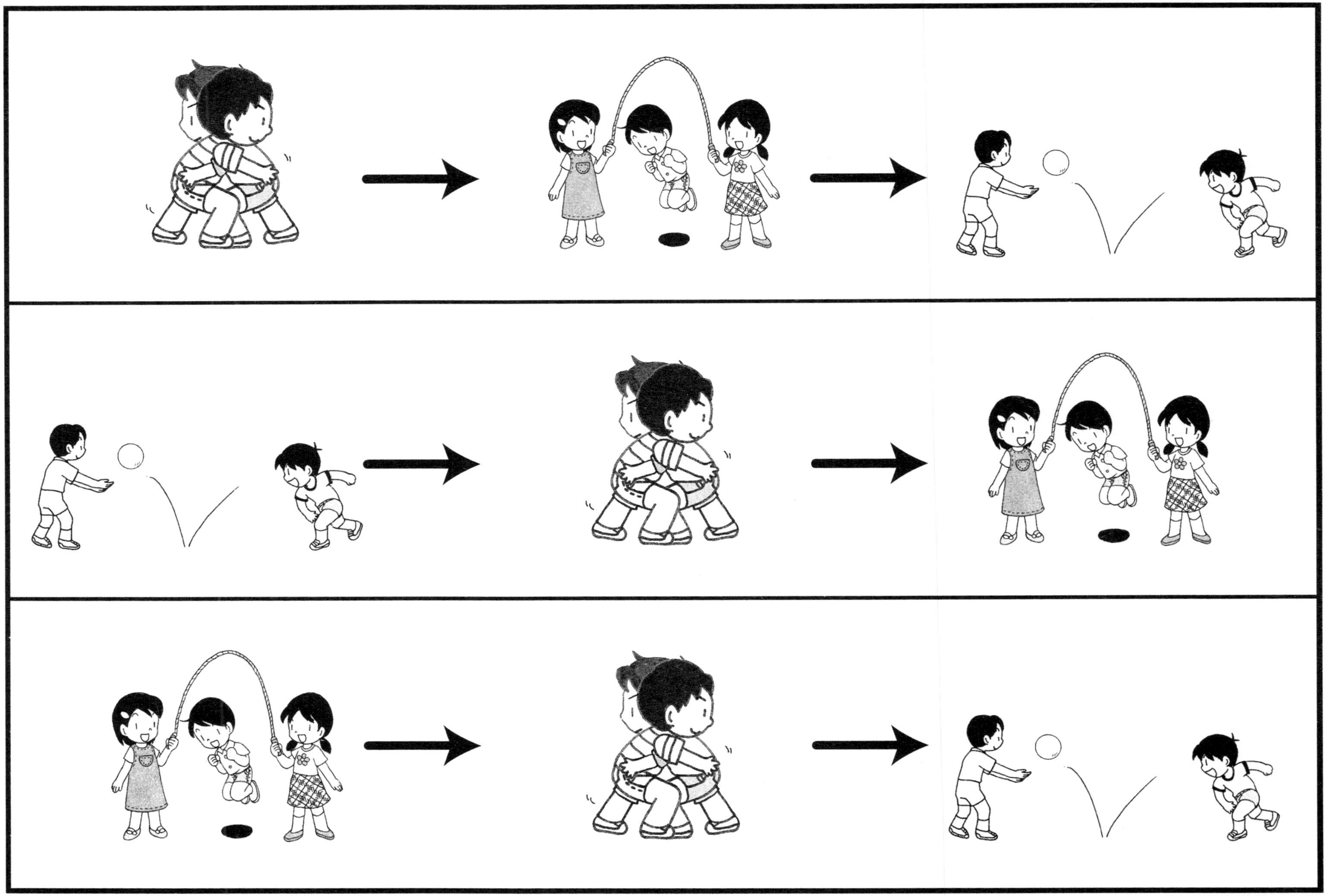

問題１２

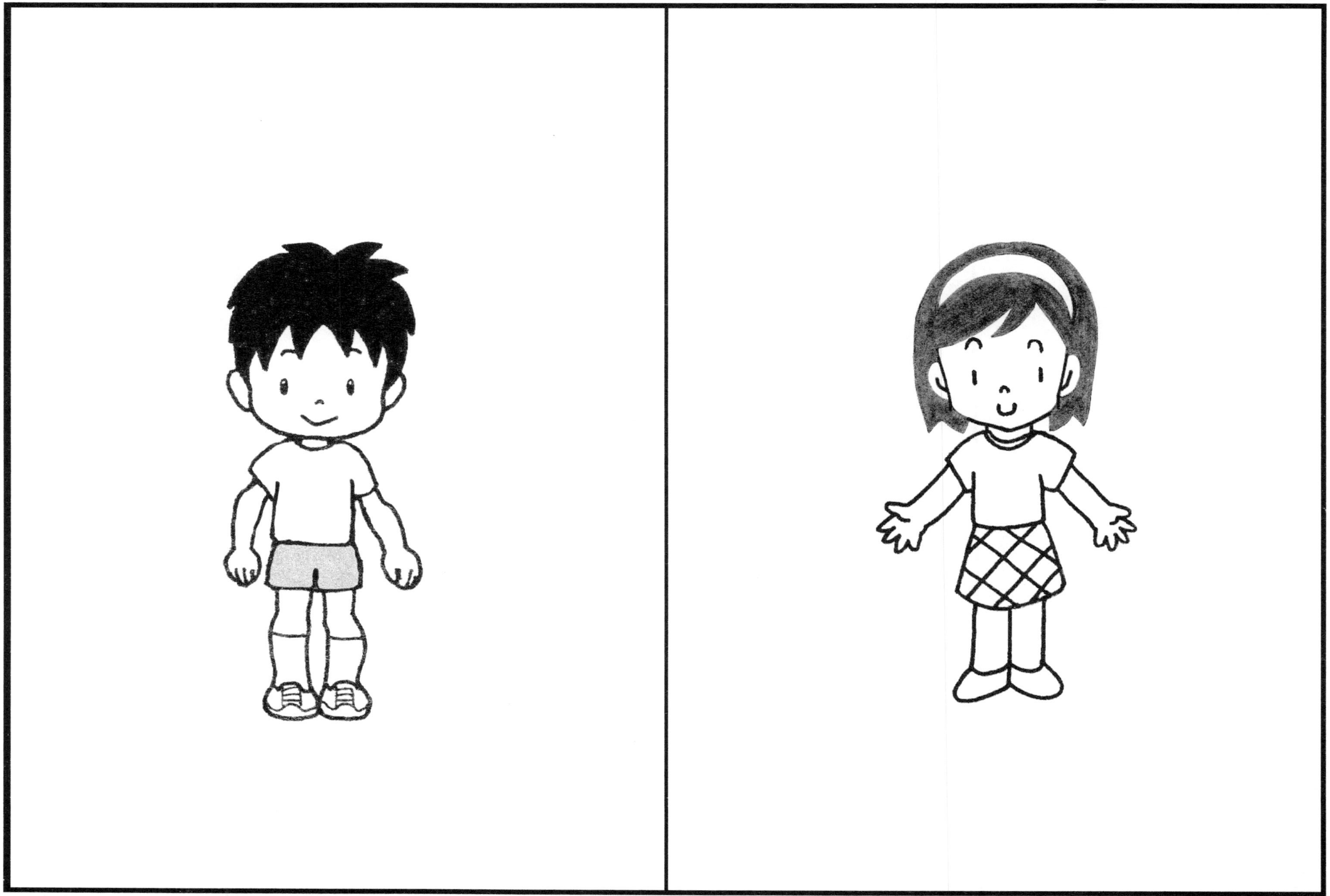

問題13

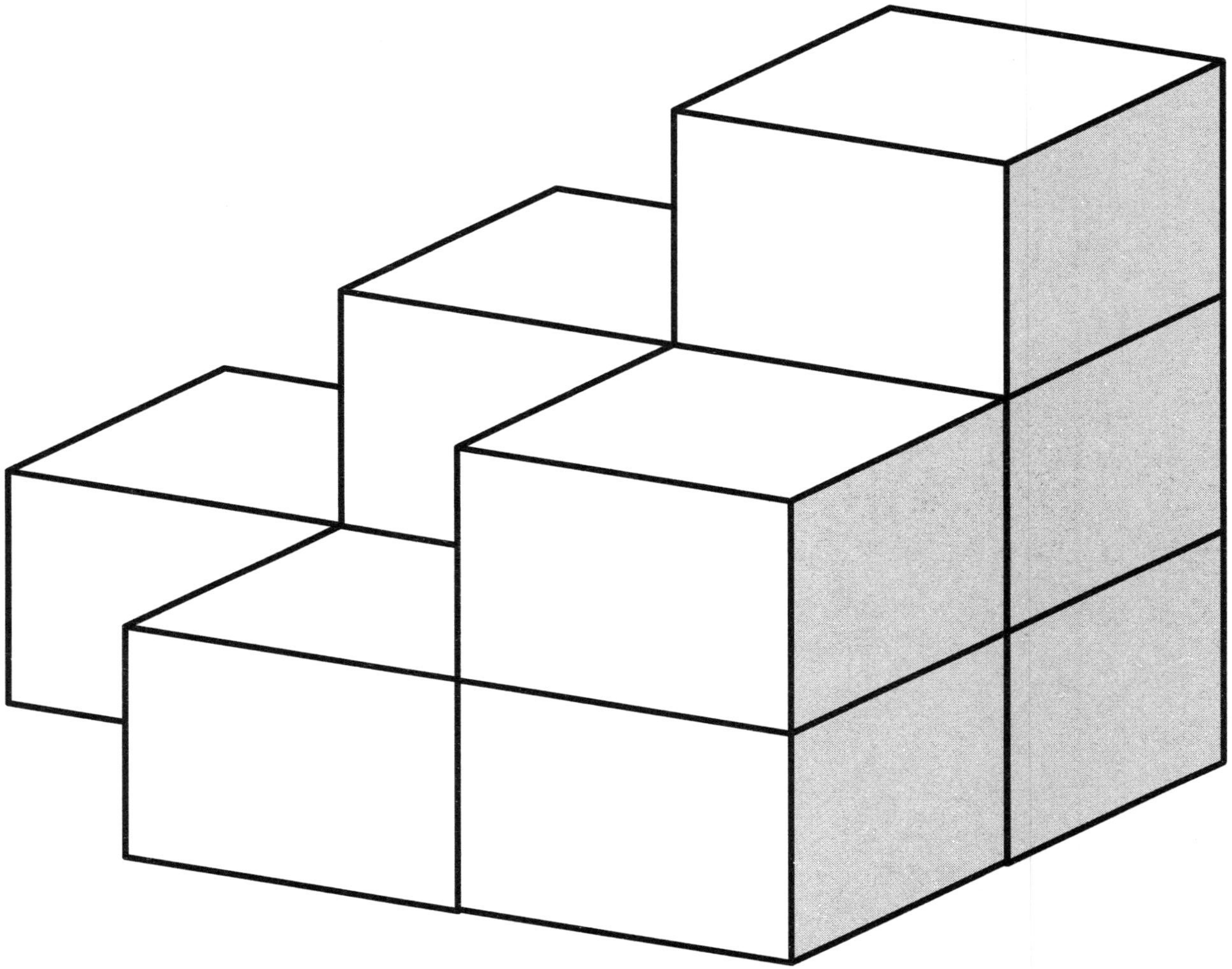

問題１４

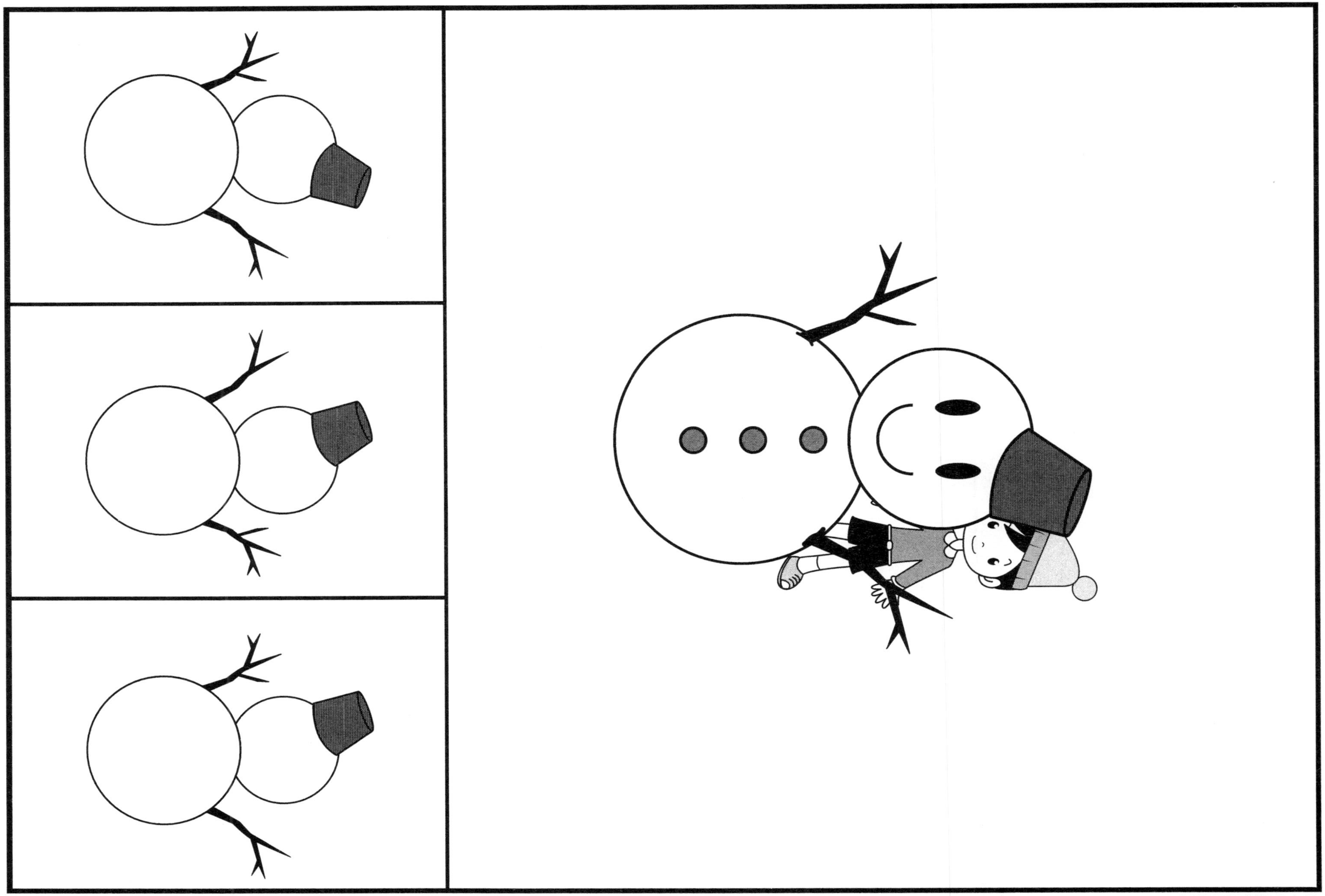

問題15－1

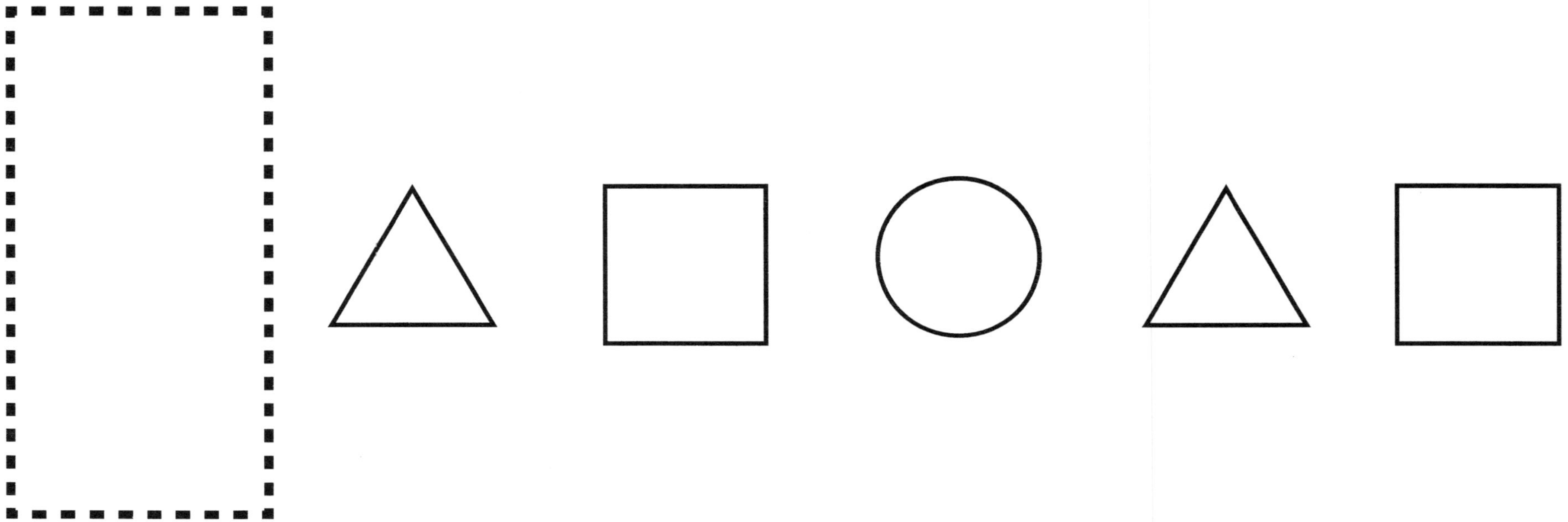

問題15－2

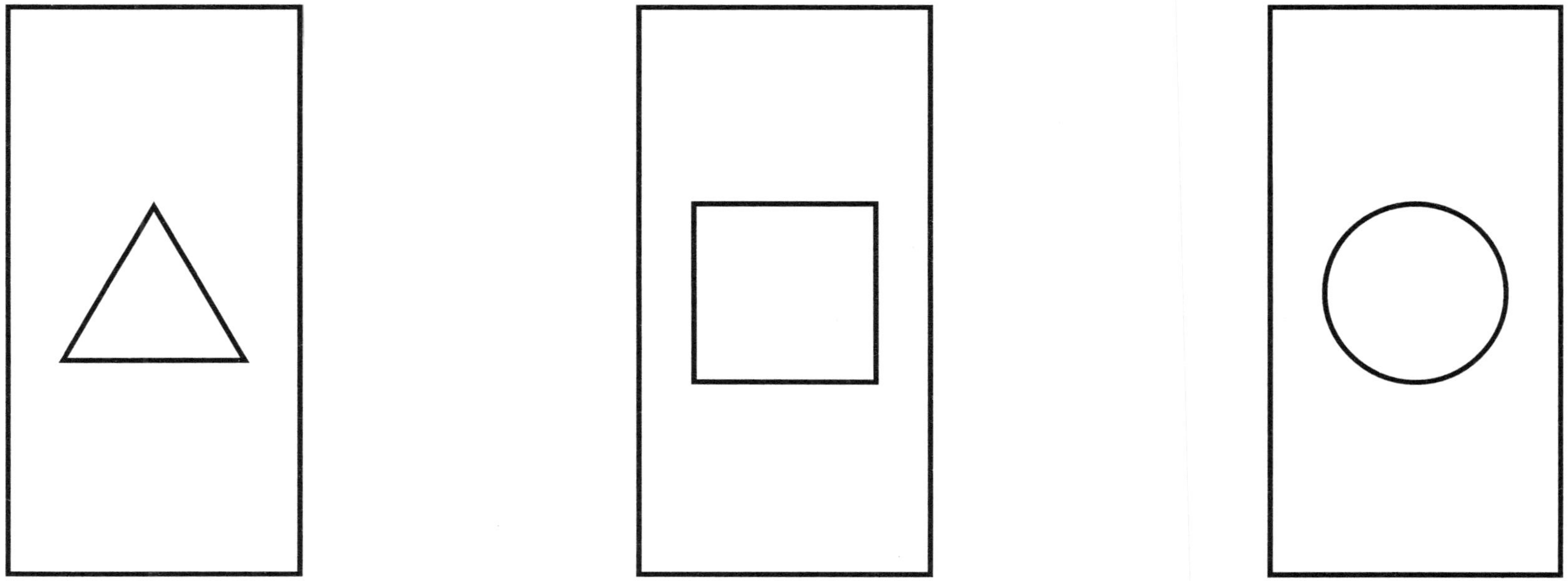

問題16

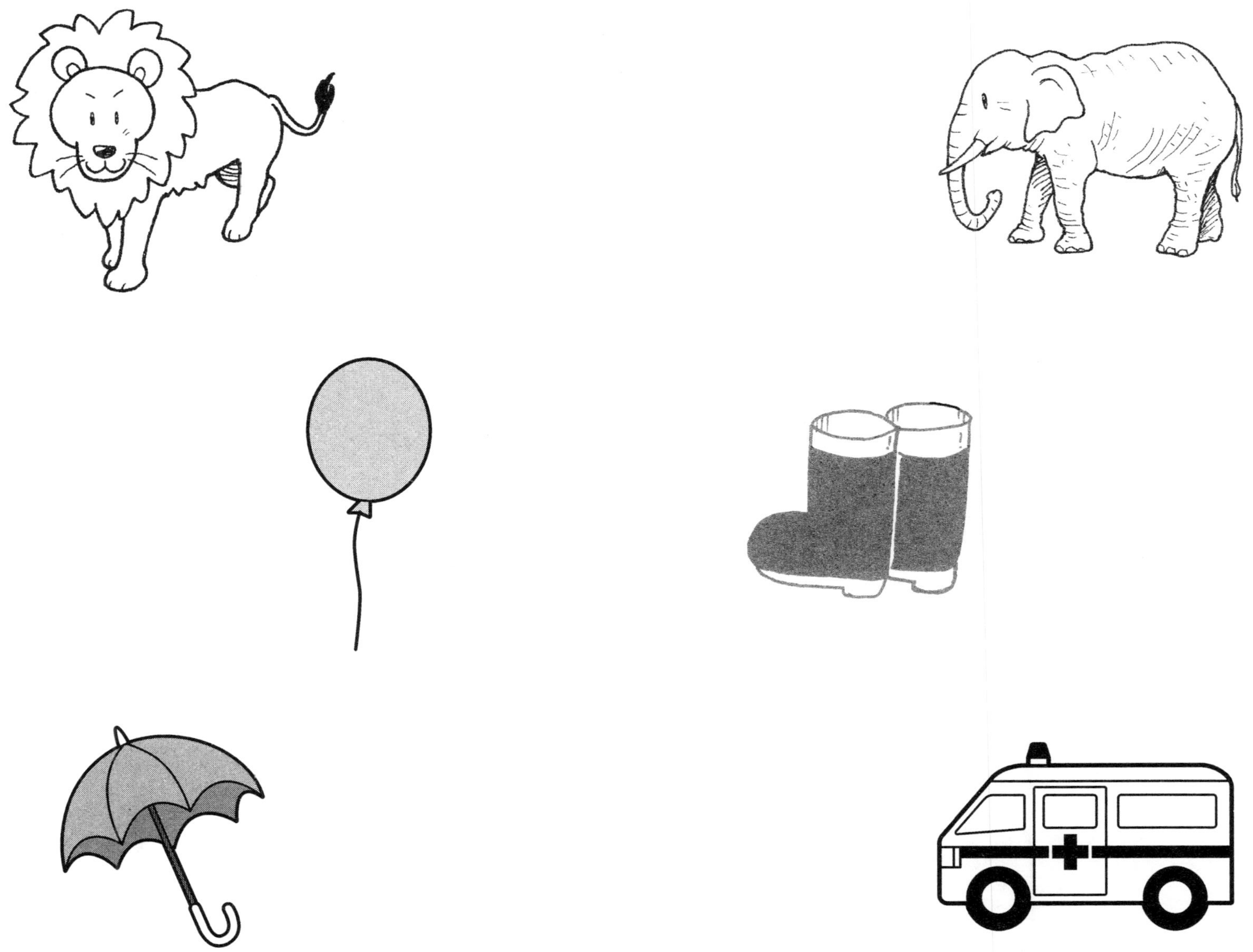

問題１７

問題２１

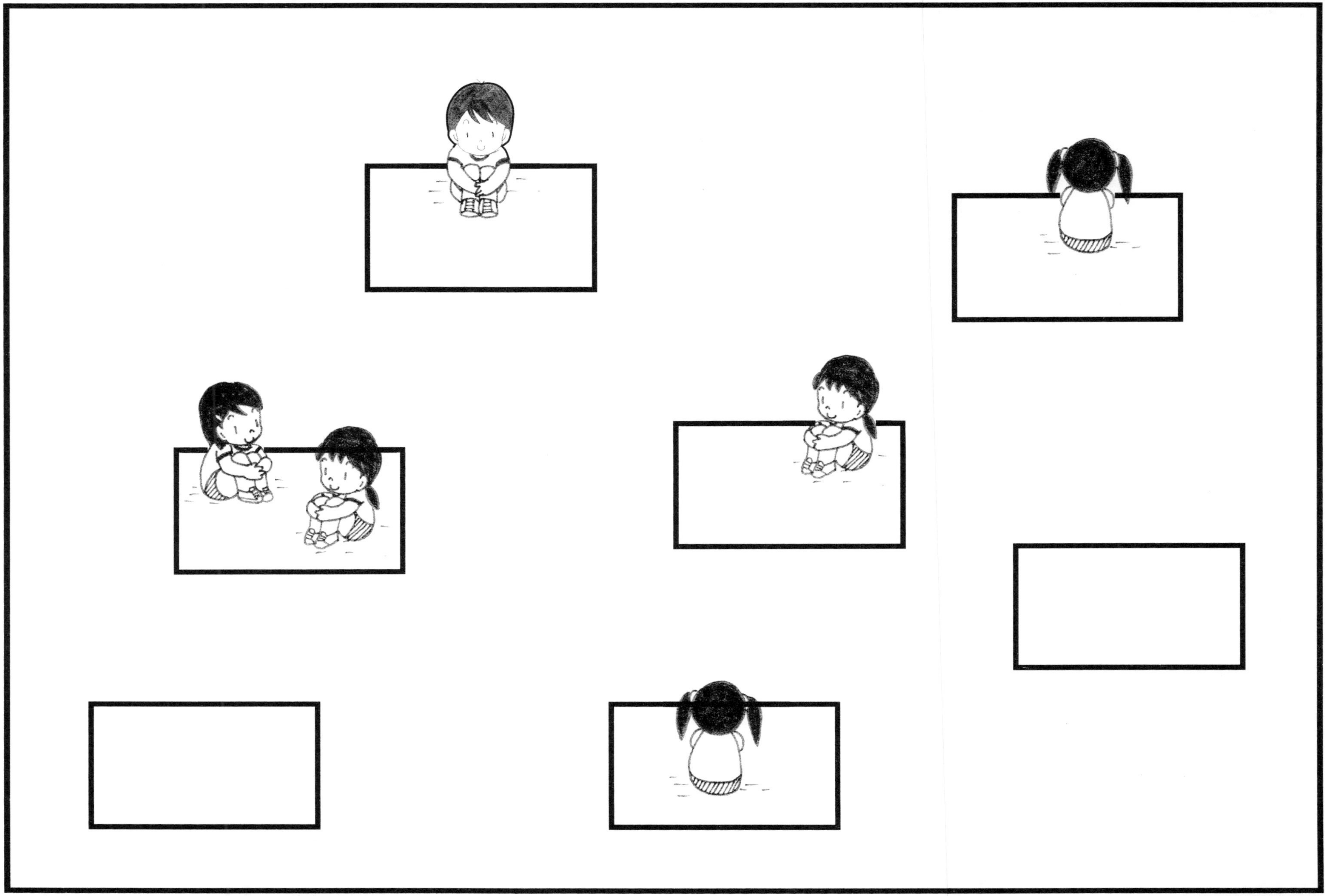

問題23

▲ ■ ▶ ● ★

✂

2022年度 岡山大学附属小 過去 無断複製/転載を禁ずる 日本学習図書株式会社

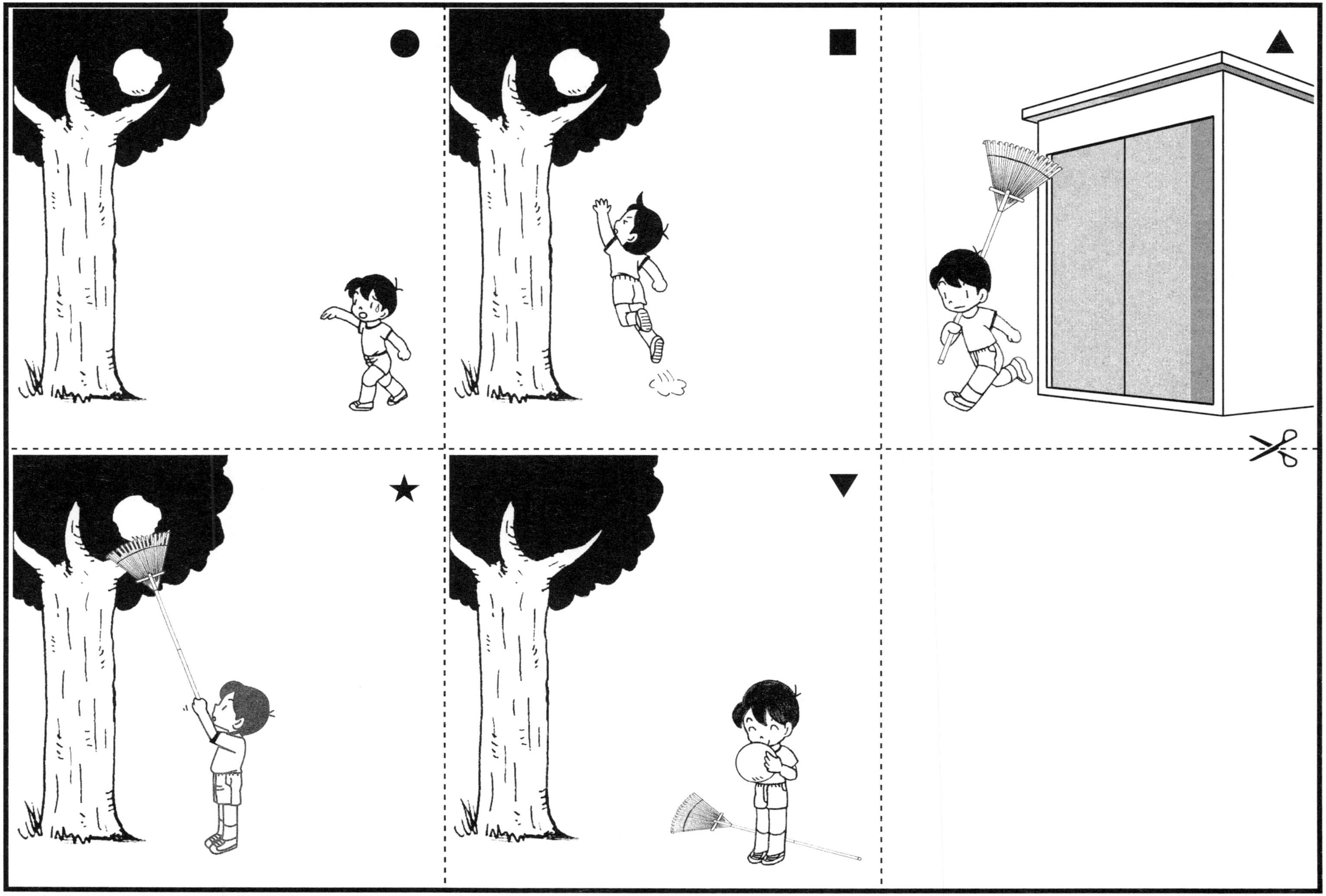

問題24

日本学習図書株式会社

問題２５

問題２６

日本学習図書株式会社

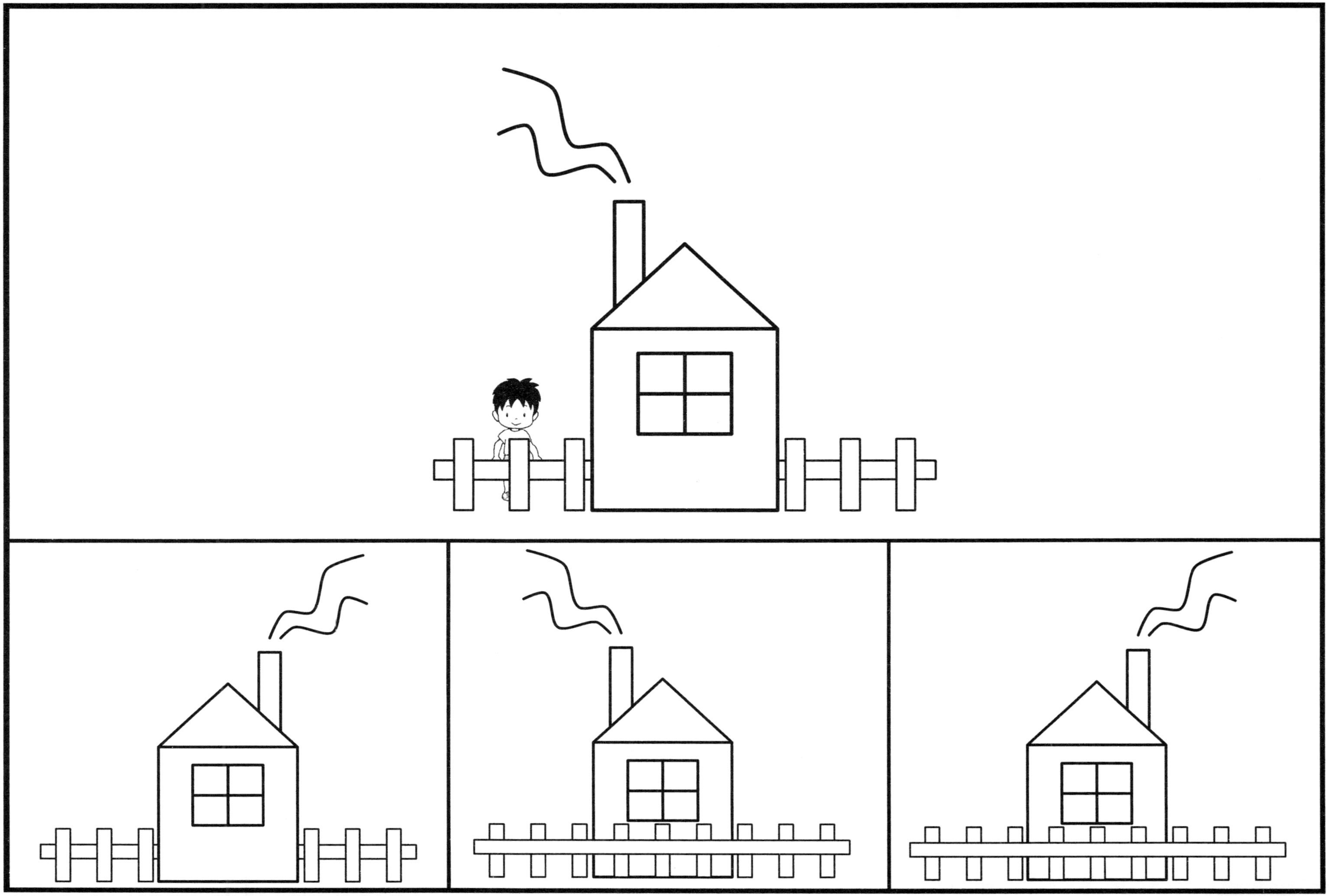

問題２８

問題３０

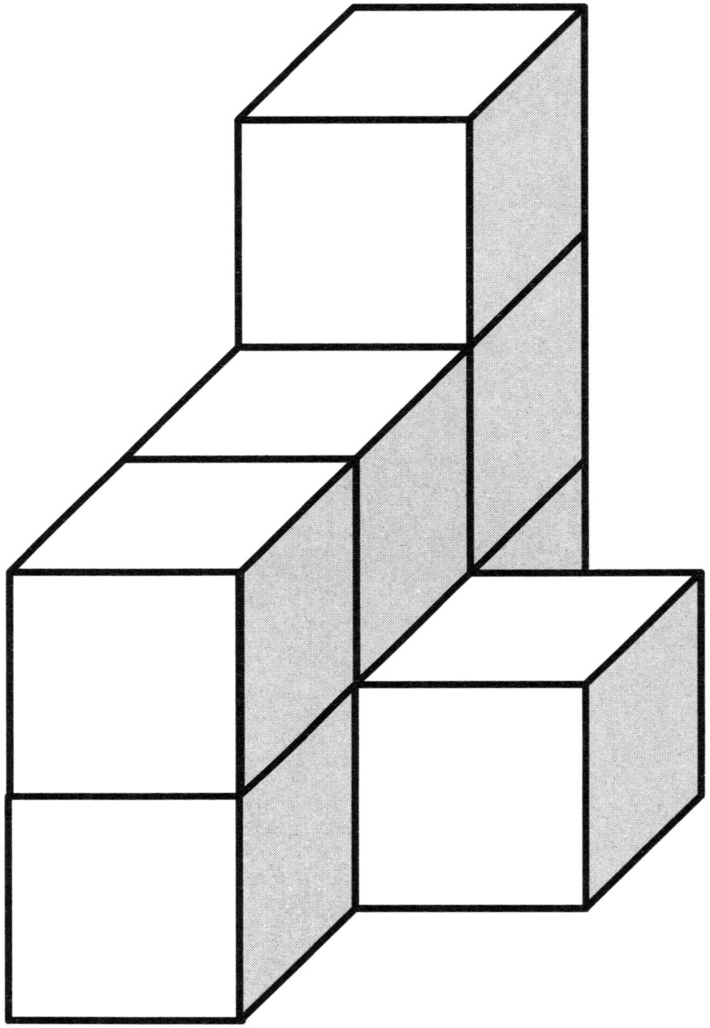

問題３１

問題３３

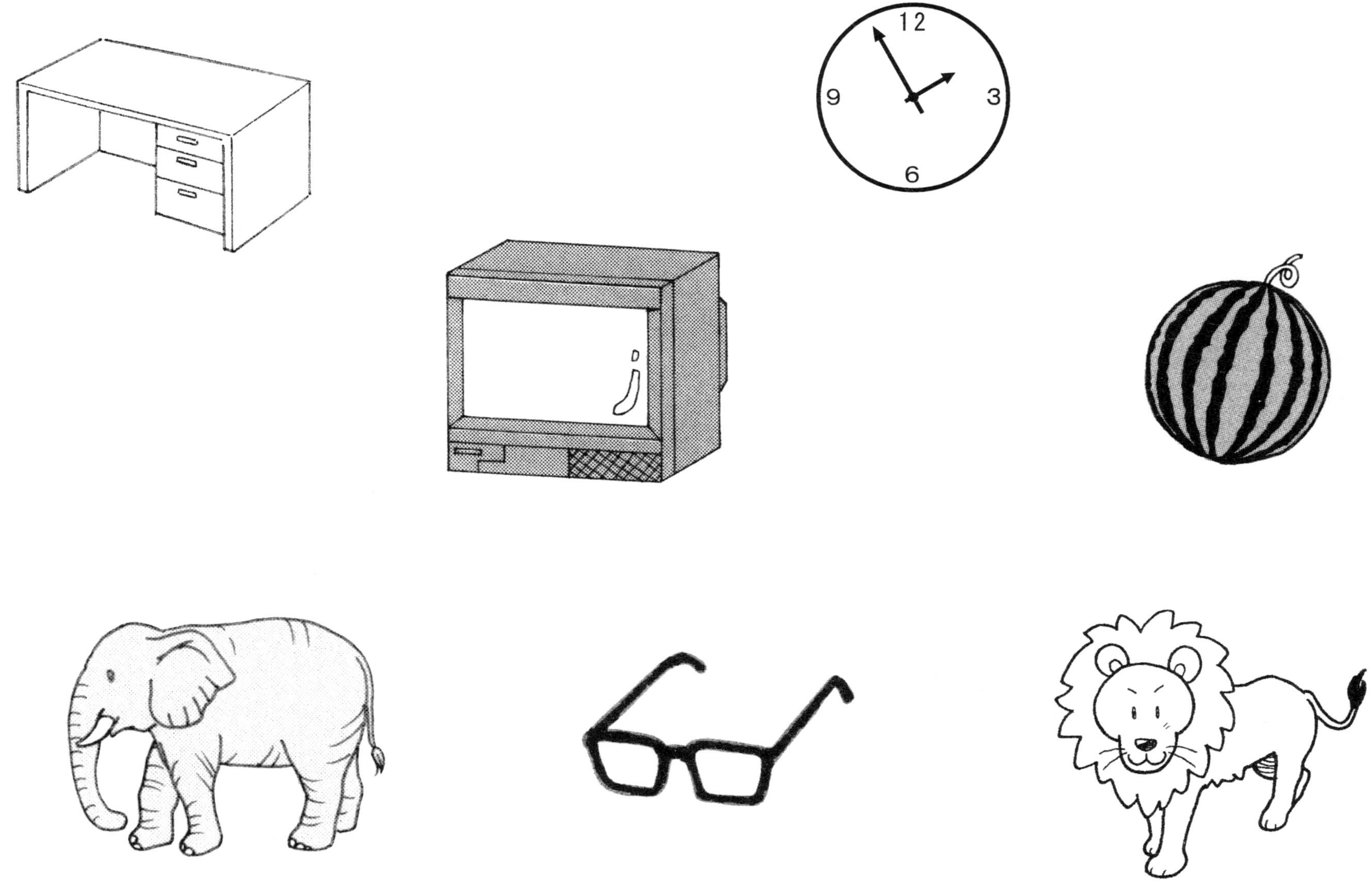

問題34

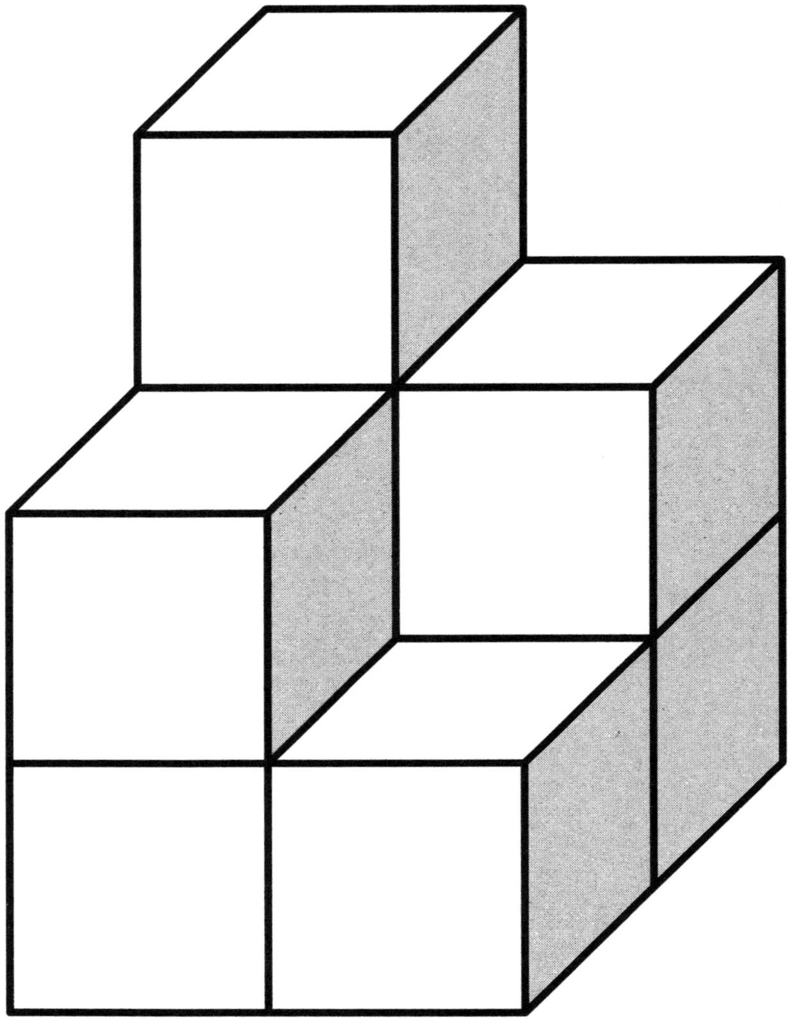

2022 年度　岡山大学附属小　過去　無断複製／転載を禁ずる　　日本学習図書株式会社

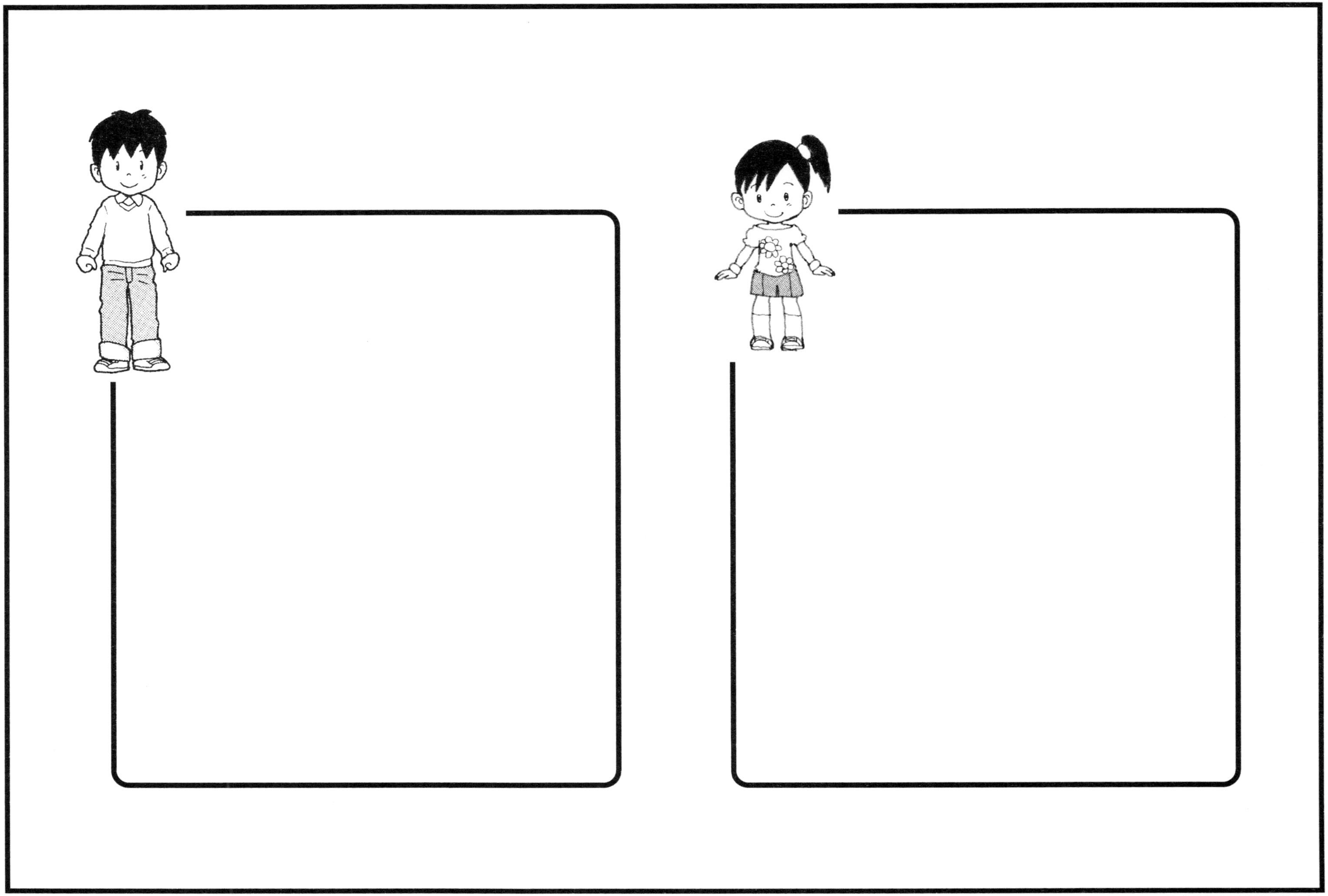

問題３７

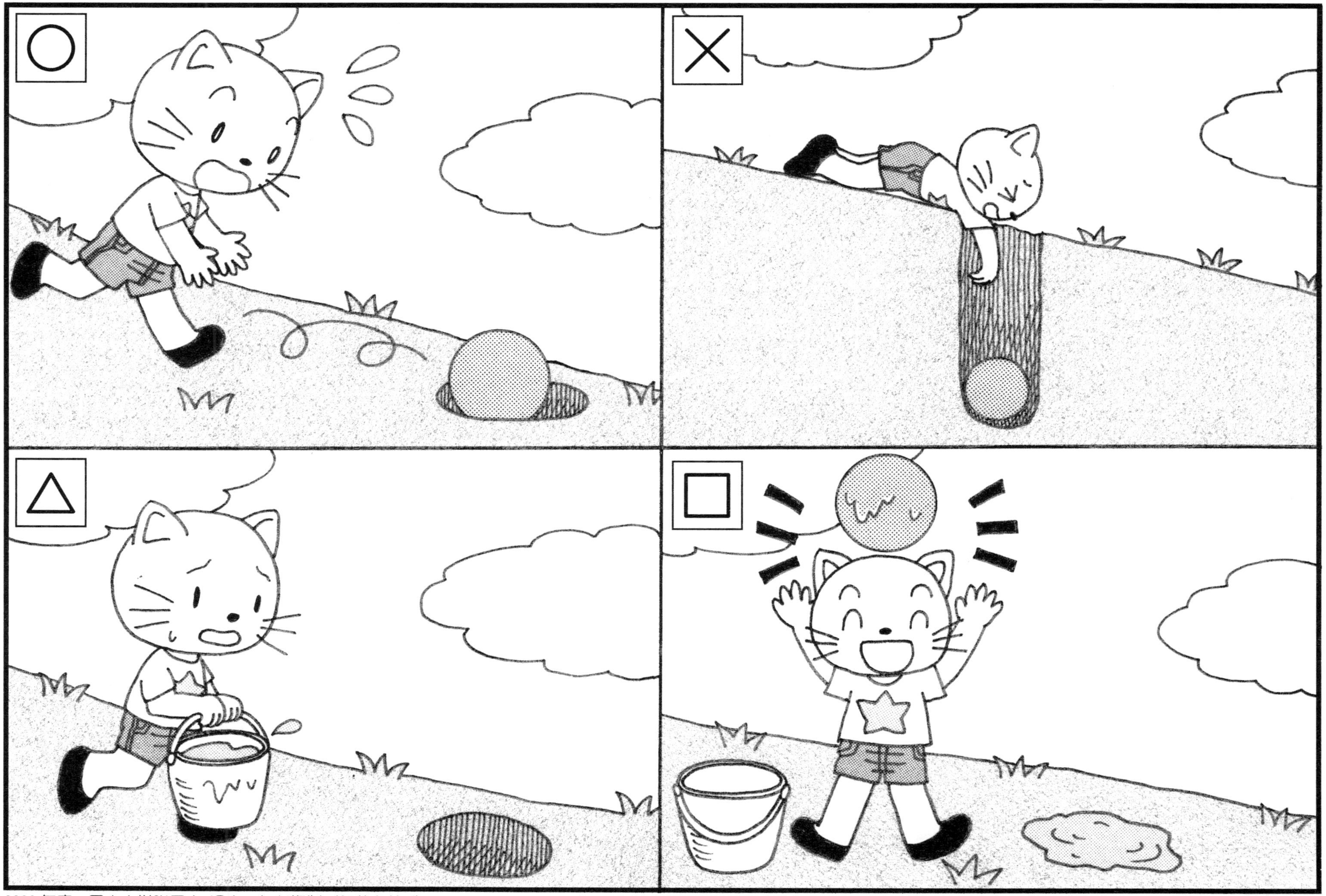

問題38

問題３９

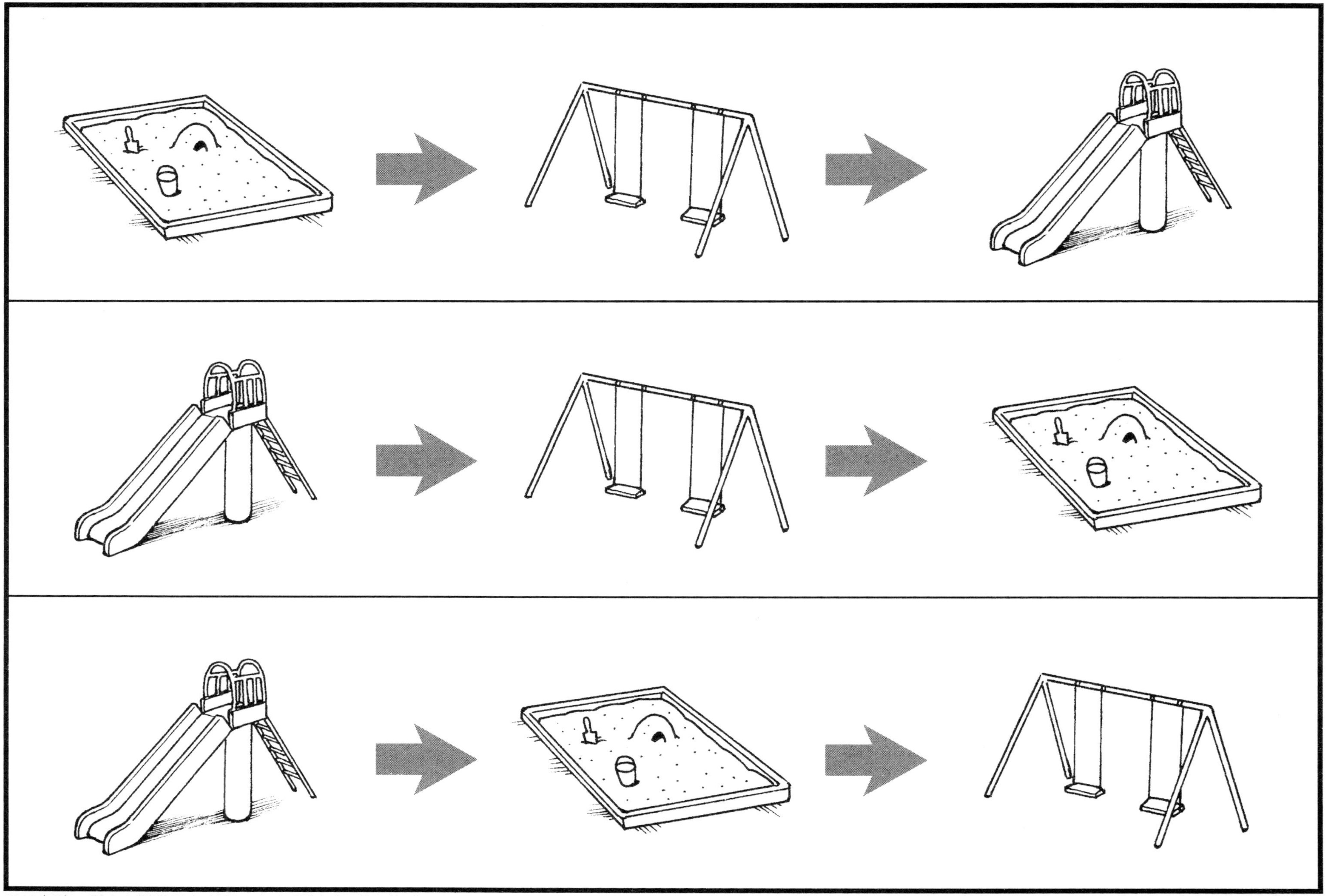

問題４０

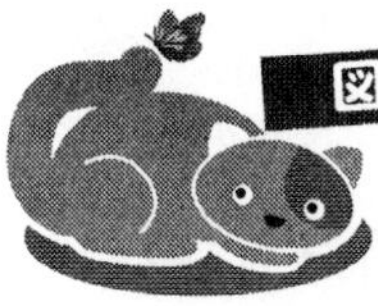

図書カード 1000 円分プレゼント

ご記入日　令和　　年　　月　　日

☆国・私立小学校受験アンケート☆

※可能な範囲でご記入下さい。選択肢は○で囲んで下さい。

〈小学校名〉＿＿＿＿＿＿＿＿＿＿　〈お子さまの性別〉男・女　〈誕生月〉＿＿月

〈その他の受験校〉（複数回答可）＿＿＿＿＿＿＿＿＿＿＿＿＿＿＿＿

〈受験日〉①：＿＿月＿＿日　〈時間〉＿＿時＿＿分　～　＿＿時＿＿分

②：＿＿月＿＿日　〈時間〉＿＿時＿＿分　～　＿＿時＿＿分

〈受験者数〉　男女計＿＿名　（男子＿＿名　女子＿＿名）

〈お子さまの服装〉＿＿＿＿＿＿＿＿＿＿＿＿＿＿＿＿

〈入試全体の流れ〉（記入例）準備体操→行動観察→ペーパーテスト

＿＿＿＿＿＿＿＿＿＿＿＿＿＿＿＿＿＿＿＿＿＿

Eメールによる情報提供

日本学習図書では、Eメールでも入試情報を募集しております。

下記のアドレスに、アンケートの内容をご入力の上、メールをお送り下さい。

ojuken@nichigaku.jp

●行動観察　（例）好きなおもちゃで遊ぶ・グループで協力するゲームなど

〈実施日〉＿＿月＿＿日　〈時間〉＿＿時＿＿分　～　＿＿時＿＿分　〈着替え〉□有　□無

〈出題方法〉□肉声　□録音　□その他（　　　　　）　〈お手本〉□有　□無

〈試験形態〉□個別　□集団（　　　人程度）

〈会場図〉

〈内容〉

□自由遊び

＿＿＿＿＿＿＿＿＿＿＿＿＿＿＿＿

□グループ活動

＿＿＿＿＿＿＿＿＿＿＿＿＿＿＿＿

□その他

＿＿＿＿＿＿＿＿＿＿＿＿＿＿＿＿

●運動テスト（有・無）　（例）跳び箱・チームでの競争など

〈実施日〉＿＿月＿＿日　〈時間〉＿＿時＿＿分　～　＿＿時＿＿分　〈着替え〉□有　□無

〈出題方法〉□肉声　□録音　□その他（　　　　　）　〈お手本〉□有　□無

〈試験形態〉□個別　□集団（　　　人程度）

〈会場図〉

〈内容〉

□サーキット運動

□走り　□跳び箱　□平均台　□ゴム跳び

□マット運動　□ボール運動　□なわ跳び

□クマ歩き

□グループ活動＿＿＿＿＿＿＿＿＿＿＿＿

□その他＿＿＿＿＿＿＿＿＿＿＿＿＿＿

●知能テスト・口頭試問

〈実施日〉 ＿＿月＿＿日 〈時間〉 ＿＿時＿＿分 ～ ＿＿時＿＿分 〈お手本〉□有 □無

〈出題方法〉 □肉声 □録音 □その他（　　　　　） 〈問題数〉 ＿＿枚 ＿＿問

分野	方法	内　容	詳細・イラスト
（例） お話の記憶	☑筆記 □口頭	動物たちが待ち合わせをする話	（あらすじ） 動物たちが待ち合わせをした。最初にウサギさんが来た。次にイヌくんが、その次にネコさんが来た。最後にタヌキくんが来た。 （問題・イラスト） ３番目に来た動物は誰か 
お話の記憶	□筆記 □口頭		（あらすじ） （問題・イラスト）
図形	□筆記 □口頭		
言語	□筆記 □口頭		
常識	□筆記 □口頭		
数量	□筆記 □口頭		
推理	□筆記 □口頭		
その他	□筆記 □口頭		

●制作　（例）ぬり絵・お絵かき・工作遊びなど

〈実施日〉＿＿月＿＿日〈時間〉＿＿時＿＿分　～　＿＿時＿＿分

〈出題方法〉 □肉声 □録音 □その他（　　　　　　）〈お手本〉□有 □無

〈試験形態〉 □個別 □集団（　　　　人程度）

材料・道具	制作内容
□ハサミ □のり（□つぼ □液体 □スティック） □セロハンテープ □鉛筆 □クレヨン（　色） □クーピーペン（　色） □サインペン（　色）□ □画用紙（□ A4 □ B4 □ A3 □その他：　　　　　） □折り紙 □新聞紙 □粘土 □その他（　　　　　　　）	□切る □貼る □塗る □ちぎる □結ぶ □描く □その他（　　　　　　　） タイトル：＿＿＿＿＿＿＿＿＿＿＿＿

●面接

〈実施日〉＿＿月＿＿日〈時間〉＿＿時＿＿分　～　＿＿時＿＿分〈面接担当者〉＿＿名

〈試験形態〉□志願者のみ（　　）名 □保護者のみ □親子同時 □親子別々

〈質問内容〉

※試験会場の様子をご記入下さい。

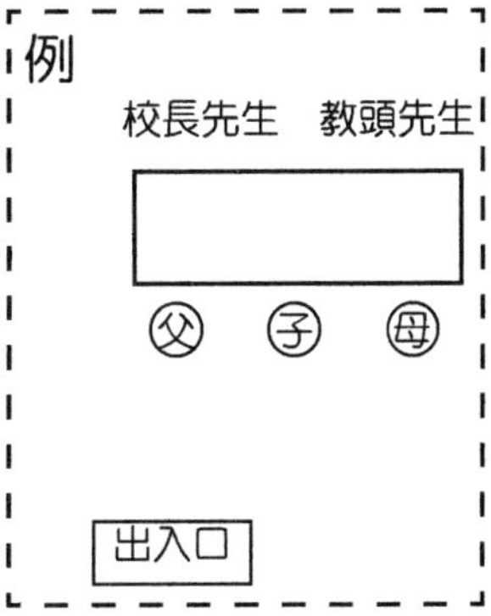

□志望動機　□お子さまの様子

□家庭の教育方針

□志望校についての知識・理解

□その他（　　　　　　　　　　　）

（詳　細）

・

・

・

・

●保護者作文・アンケートの提出（有・無）

〈提出日〉 □面接直前 □出願時 □志願者考査中 □その他（　　　　　　　　）

〈下書き〉 □有 □無

〈アンケート内容〉

（記入例）当校を志望した理由はなんですか（150 字）

●説明会（□有　□無）〈開催日〉　　月　　日　**〈時間〉**　　時　　分　～　　時　　分

〈上履き〉　□要　□不要　**〈願書配布〉**　□有　□無　**〈校舎見学〉**　□有　□無

〈ご感想〉

●参加された学校行事 （複数回答可）

公開授業〈開催日〉　　月　　日　**〈時間〉**　　時　　分　～　　時　　分

運動会など〈開催日〉　　月　　日　**〈時間〉**　　時　　分　～　　時　　分

学習発表会・音楽会など〈開催日〉　　月　　日　**〈時間〉**　　時　　分　～　　時　　分

〈ご感想〉

※是非参加したほうがよいと感じた行事について

●受験を終えてのご感想、今後受験される方へのアドバイス

※対策学習（重点的に学習しておいた方がよい分野）、当日準備しておいたほうがよい物など

＊＊＊＊＊＊＊＊＊＊＊＊＊　ご記入ありがとうございました　＊＊＊＊＊＊＊＊＊＊＊＊＊

必要事項をご記入の上、ポストにご投函ください。

なお、本アンケートの送付期限は入試終了後３ヶ月とさせていただきます。また、入試に関する情報の記入量が当社の基準に満たない場合、謝礼の送付ができないことがございます。あらかじめご了承ください。

ご住所：〒

お名前：　　　　　　　　　　メール：

ＴＥＬ：　　　　　　　　　　ＦＡＸ：

アンケートのご記入
ありがとうございました

ご記入頂いた個人に関する情報は、当社にて厳重に管理致します。弊社の個人情報取り扱いに関する詳細は、www.nichigaku.jp/policy.php の「個人情報の取り扱い」をご覧下さい。

分野別 小学入試練習帳 ジュニアウォッチャー

1．点・線図形	小学校入試で出題頻度の高い『点・線図形』の模写を、難易度の低いものから段階別に幅広く練習することができるように構成。
2．座標	図形の位置模写という作業を、難易度の低いものから段階別に練習できるように構成。
3．パズル	様々なパズルの問題を難易度の低いものから段階別に練習できるように構成。
4．同図形探し	小学校入試で出題頻度の高い、同図形選びの問題を繰り返し練習できるように構成。
5．回転・展開	図形などを回転、または展開したとき、形がどのように変化するかを学習し、理解を深められるように構成。
6．系列	数、図形などの様々な系列問題を、難易度の低いものから段階別に練習できるように構成。
7．迷路	迷路の問題を繰り返し練習できるように構成。
8．対称	対称に関する問題を４つのテーマに分類し、各テーマごとに問題を段階別に練習できるように構成。
9．合成	図形の合成に関する問題を、難易度の低いものから段階別に練習できるように構成。
10．四方からの観察	もの（立体）を様々な角度から見て、どのように見えるかを推理する問題を段階別に整理し、１つの形式で複数の問題を練習できるように構成。
11．いろいろな仲間	ものや動物、植物の共通点を見つけ、分類していく問題を中心に構成。
12．日常生活	日常生活における様々な問題を６つのテーマに分類し、各テーマごとに一つの問題形式で複数の問題を練習できるように構成。
13．時間の流れ	『時間』に着目し、様々なものごとは、時間が経過するとどのように変化するのかということを学習し、理解できるように構成。
14．数える	様々なものを『数える』ことから、数の多少の判定やかけ算、わり算の基礎までを練習できるように構成。
15．比較	比較に関する問題を５つのテーマ（数、高さ、長さ、量、重さ）に分類し、各テーマごとに問題を段階別に練習できるように構成。
16．積み木	数える対象を積み木に限定した問題集。
17．言葉の音遊び	言葉の音に関する問題を５つのテーマに分類し、各テーマごとに問題を段階別に練習できるように構成。
18．いろいろな言葉	表現力をより豊かにするいろいろな言葉として、擬態語や擬声語、同音異義語、反意語、数詞を取り上げた問題集。
19．お話の記憶	お話を聴いてその内容を記憶、理解し、設問に答える形式の問題集。
20．見る記憶・聴く記憶	「見て憶える」「聴いて憶える」という『記憶』分野に特化した問題集。
21．お話作り	いくつかの絵を元にしてお話を作る練習をして、想像力を養うことができるように構成。
22．想像画	描かれてある形や景色に好きな絵を描くことにより、想像力を養うことができるように構成。
23．切る・貼る・塗る	小学校入試で出題頻度の高い、はさみやのりなどを用いた巧緻性の問題を繰り返し練習できるように構成。
24・絵画	小学校入試で出題頻度の高い、お絵かきやぬり絵などクレヨンやクーピーペンを用いた巧緻性の問題を繰り返し練習できるように構成。
25．生活巧緻性	小学校入試で出題頻度の高い日常生活の様々な場面における巧緻性の問題集。
26．文字・数字	ひらがなの清音、濁音、拗音、拗長音、促音と１〜20までの数字に焦点を絞り、練習できるように構成。
27．理科	小学校入試で出題頻度が高くなりつつある理科の問題を集めた問題集。
28．運動	出題頻度の高い運動問題を種目別に分けて構成。
29．行動観察	項目ごとに問題提起をし、「このような時はどうか、あるいはどう対処するのか」の観点から問いかける形式の問題集。
30．生活習慣	学校から家庭に提起された問題と思って、一問一問絵を見ながら話し合い、考える形式の問題集。

31．推理思考	数、量、言語、常識（含理科、一般）など、諸々のジャンルから問題を構成し、近年の小学校入試問題傾向に沿って構成。
32．ブラックボックス	箱や筒の中を通ると、どのようなお約束でどのように変化するかを推理・思考する問題集。
33．シーソー	重さの違うものをシーソーに乗せた時どちらに傾くのか、またどうすればシーソーは釣り合うのかを思考する基礎的な問題集。
34．季節	様々な行事や植物などを季節別に分類できるように知識をつける問題集。
35．重ね図形	小学校入試で頻繁に出題されている「図形を重ね合わせてできる形」についての問題を集めました。
36．同数発見	様々な物を数え「同じ数」を発見し、数の多少の判断や数の認識の基礎を学べるように構成した問題集。
37．選んで数える	数の学習の基本となる、いろいろなものの数を正しく数える学習を行う問題集。
38．たし算・ひき算１	数字を使わず、たし算とひき算の基礎を身につけるための問題集。
39．たし算・ひき算２	数字を使わず、たし算とひき算の基礎を身につけるための問題集。
40．数を分ける	数を等しく分ける問題です。等しく分けたときに余りが出るものもあります。
41．数の構成	ある数がどのような数で構成されているか学んでいきます。
42．一対多の対応	一対一の対応から、一対多の対応まで、かけ算の考え方の基礎学習を行います。
43．数のやりとり	あげたり、もらったり、数の変化をしっかりと学びます。
44．見えない数	指定された条件から数を導き出します。
45．図形分割	図形の分割に関する問題集。パズルや合成の分野にも通じる様々な問題を集めました。
46．回転図形	「回転図形」に関する問題集。やさしい問題から始め、いくつかの代表的なパターンから、段階を踏んで学習できるよう編集されています。
47．座標の移動	「マス目の指示通りに移動する問題」と「指示された数だけ移動する問題」を収録。
48．鏡図形	鏡で左右反転させた時の見え方を考えます。平面図形から立体図形、文字、絵まで。
49．しりとり	すべての学習の基礎となる「言葉」を学ぶこと、特に「語彙」を増やすことに重点をおき、さまざまなタイプの「しりとり」問題を集めました。
50．観覧車	観覧車やメリーゴーラウンドなどを舞台にした「回転系列」の問題集。「推理思考」分野の問題ですが、要素として「図形」や「数量」も含みます。
51．運筆①	鉛筆の持ち方を学び、点線なぞり、お手本を見ながらの模写で、線を引く練習をします。
52．運筆②	運筆①からさらに発展し、「欠所補完」や「迷路」などを楽しみながら、より複雑な鉛筆運びを習得することを目指します。
53．四方からの観察 積み木編	積み木を使用した「四方からの観察」に関する問題を練習できるように構成。
54．図形の構成	見本の図形がどのような部分によって形づくられているかを考えます。
55．理科②	理科的知識に関する問題を集中して練習する「常識」分野の問題集。
56．マナーとルール	道路や駅、公共の場でのマナー、安全や衛生に関する常識を学べるように構成。
57．置き換え	さまざまな具体的・抽象的事象を記号で表す「置き換え」の問題を扱います。
58．比較②	長さ・高さ・体積・数などを数学的な知識を使わず、論理的に推測する「比較」の問題を練習できるように構成。
59．欠所補完	線と線のつながり、欠けた絵に当てはまるものなどを求める「欠所補完」に取り組める問題集です。
60．言葉の音（おん）	しりとり、決まった順番の音をつなげるなど、「言葉の音」に関する問題に取り組める練習問題集です。

◆◆ニチガクのおすすめ問題集◆◆

より充実した家庭学習を目指し、ニチガクではさまざまな問題集をとりそろえております!!

サクセスウォッチャーズ（全18巻）

①～⑱
本体各￥2,200＋税

全9分野を「基礎必修編」「実力アップ編」の2巻でカバーした、合計18冊。

各巻80問と豊富な問題数に加え、他の問題集では掲載していない詳しいアドバイスが、お子さまを指導する際に役立ちます。

各ページが、すぐに使えるミシン目付き。本番を意識したドリルワークが可能です。

ジュニアウォッチャー（既刊60巻）

①～⑥⓪（以下続刊）
本体各￥1,500＋税

入試出題頻度の高い9分野を、さらに60の項目にまで細分化。基礎学習に最適のシリーズ。

苦手分野におけるつまずきを、効率よく克服するための60冊です。

ポイントが絞られているため、無駄なく高い効果を得られます。

国立・私立NEWウォッチャーズ

言語／理科／図形／記憶
常識／数量／推理
本体各￥2,000＋税

シリーズ累計発行部数40万部以上を誇る大ベストセラー「ウォッチャーズシリーズ」の趣旨を引き継ぐ新シリーズ!!

実際に出題された過去問の「類題」を32問掲載。全問に「解答のポイント」付きだから家庭学習に最適です。「ミシン目」付き切り離し可能なプリント学習タイプ！

実践 ゆびさきトレーニング①・②・③

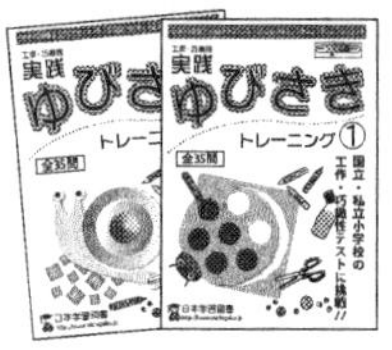

本体各￥2,500＋税

制作問題に特化した一冊。有名校が実際に出題した類似問題を35問掲載。

様々な道具の扱い（はさみ・のり・セロハンテープの使い方）から、手先・指先の訓練（ちぎる・貼る・塗る・切る・結ぶ）、また、表現することの楽しさも経験できる問題集です。

お話の記憶・読み聞かせ

［お話の記憶問題集］
中級／上級編
本体各￥2,000＋税

初級／過去類似編／ベスト30
本体各￥2,600＋税

1話5分の読み聞かせお話集①・②、入試実践編①
本体各￥1,800＋税

あらゆる学習に不可欠な、語彙力・集中力・記憶力・理解力・想像力を養うと言われているのが「お話の記憶」分野の問題。問題集は全問アドバイス付き。

分野別 苦手克服シリーズ（全6巻）

図形／数量／言語／
常識／記憶／推理
本体各￥2,000＋税

数量・図形・言語・常識・記憶の6分野。アンケートに基づいて、多くのお子さまがつまづきやすい苦手問題を、それぞれ40問掲載しました。

全問アドバイス付きですので、ご家庭において、そのつまづきを解消するためのプロセスも理解できます。

運動テスト・ノンペーパーテスト問題集

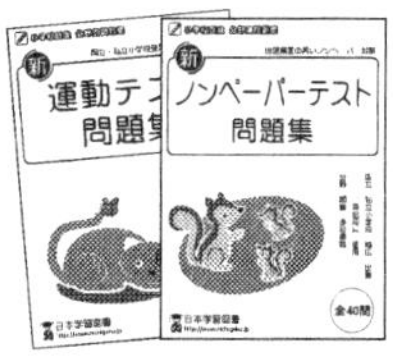

新 運動テスト問題集
本体￥2,200＋税

新 ノンペーパーテスト問題集
本体￥2,600＋税

ノンペーパーテストは国立・私立小学校で幅広く出題される、筆記用具を使用しない分野の問題を全40問掲載。

運動テスト問題集は運動分野に特化した問題集です。指示の理解や、ルールを守る訓練など、ポイントを押さえた学習に最適。全35問掲載。

口頭試問・面接テスト問題集

新 口頭試問・個別テスト問題集
本体￥2,500＋税

面接テスト問題集
本体￥2,000＋税

口頭試問は、主に個別テストとして口頭で出題解答を行うテスト形式。面接は、主に「考え」やふだんの「あり方」をたずねられるものです。

口頭で答える点は同じですが、内容は大きく異なります。想定する質問内容や答え方の幅を広げるために、どちらも手にとっていただきたい問題集です。

小学校受験 厳選難問集 ①・②

本体各￥2,600＋税

実際に出題された入試問題の中から、難易度の高い問題をピックアップし、アレンジした問題集。応用問題への挑戦は、基礎の理解度を測るだけでなく、お子さまの達成感・知的好奇心を触発します。

①は数量・図形・推理・言語、②は位置・常識・比較・記憶分野の難問を掲載。それぞれ40問。

国立小学校　対策問題集

国立小学校入試問題A・B・C
（全3巻）本体各￥3,282＋税

新 国立小学校直前集中講座
本体￥3,000＋税

国立小学校頻出の問題を厳選。細かな指導方法やアドバイスが掲載してあり、効率的な学習が進められます。「総集編」は難易度別にA～Cの3冊。付録のレーダーチャートにより得意・不得意を認識でき、国立小学校受験対策に最適です。入試直前の対策には「新 直前集中講座」！

おうちでチャレンジ ①・②

本体各￥1,800＋税

関西最大級の模擬試験である小学校受験標準テストのペーパー問題を編集した実力養成に最適な問題集。延べ受験者数10,000人以上のデータを分析しお子さまの習熟度・到達度を一目で判別。

保護者必読の特別アドバイス収録！

Q＆Aシリーズ

『小学校受験で知っておくべき125のこと』
『小学校受験に関する保護者の悩みQ＆A』
『新 小学校受験の入試面接Q＆A』
『新 小学校受験 願書・アンケート文例集500』
本体各￥2,600＋税

『小学校受験のための
願書の書き方から面接まで』
本体￥2,500＋税

「知りたい！」「聞きたい！」「こんな時どうすれば…？」そんな疑問や悩みにお答えする、オススメの人気シリーズです。

書籍についてのご注文・お問い合わせ
☎ 03-5261-8951

http://www.nichigaku.jp
※ご注文方法、書籍についての詳細は、Webサイトをご覧ください。

日本学習図書　検索

家庭学習をトータルサポート！ ニチガクのオリジナル 効果的 学習法

1 まずはアドバイスページを読む！

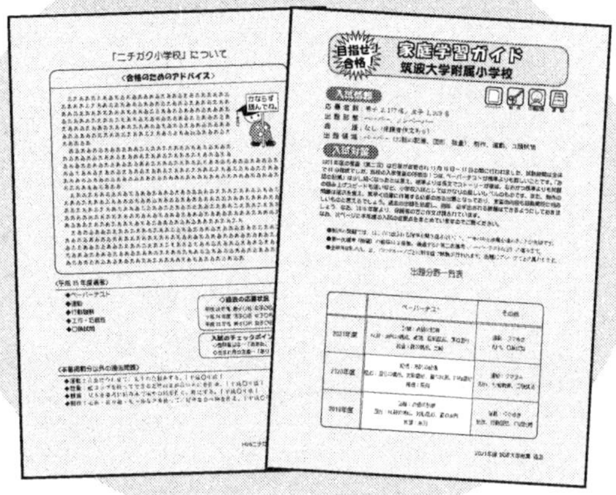

ピンク色です

対策や試験ポイントがぎっしりつまった「家庭学習ガイド」。分野アイコンで、試験の傾向をおさえよう！

2 問題をすべて読み、出題傾向を把握する

3 「学習のポイント」で学校側の観点や問題の解説を熟読

4 はじめて過去問題にチャレンジ！

5 プラスα 対策問題集や類題で力を付ける

過去問のこだわり

最新問題は問題ページ、イラストページ、解答・解説ページが独立しており、お子さまにすぐに取り掛かっていただける作りになっています。
ニチガクの学校別問題集ならではの、学習法を含めたアドバイスを利用して効率のよい家庭学習を進めてください。

各問題のジャンル

問題7 分野：図形（図形の構成）　Aグループ男子

〈解答〉 下図参照

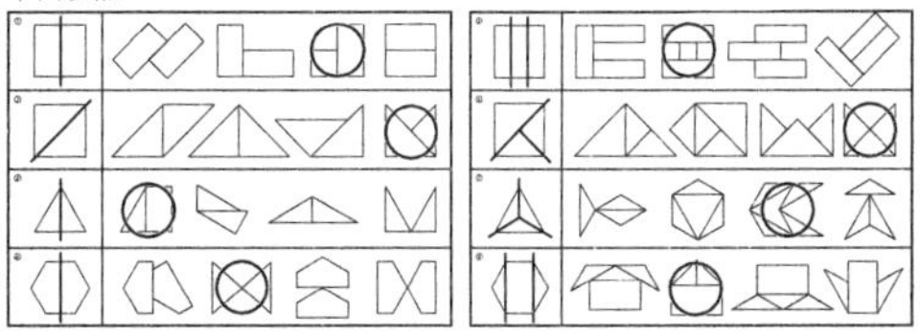

図形の構成の問題です。解答時間が圧倒的に短いので、直感的に答えないと全問答えることはできないでしょう。例年ほど難しい問題ではないので、ある程度準備をしたお子さまなら可能のはずです。注意すべきなのはケアレスミスで、「できないものはどれですか」と聞かれているのに、できるものに○をしたりしてはおしまいです。こういった問題では基礎とも言える問題なので、もしわからなかった場合は基礎問題を分野別の問題集などでおさらいしておきましょう。

【おすすめ問題集】
★筑波大附属小学校図形攻略問題集①②★（書店では販売しておりません）
Jr・ウォッチャー9「合成」、54「図形の構成」

学習のポイント

各問題の解説や学校の観点、指導のポイントなどを教えます。
今日から保護者の方が家庭学習の先生に！

おすすめ対策問題集

分野ごとに対策問題集をご紹介。苦手分野の克服に最適です！
＊専用注文書付き。

2022年度版
岡山大学教育学部附属小学校　過去問題集

発行日　2021年9月22日
発行所　〒162-0821　東京都新宿区津久戸町 3-11
　　　　ＴＨ１ビル飯田橋９Ｆ　日本学習図書株式会社
電　話　03-5261-8951 ㈹